KB190489

처음 만나는
기독교 세계관

일, 테크놀로지,
성, 소비, 진리,
행복에 대한
새로운 생각

처음 만나는
기독교 세계관

크리스 파커 지음
홍병룡 옮김
강영안 감수

텍북

템북 홈페이지(tembook.kr)에서 본서의 스터디용 워크북 PDF와 오디오북을
무료로 이용하실 수 있습니다.

처음 만나는 기독교 세계관

초판 1쇄 인쇄 2022년 7월 22일
초판 1쇄 발행 2022년 7월 29일
지은이 크리스 파커 옮긴이 홍병룡
감수 강영안 기획 교사선교회 출판위원회
도움주신 분들 김만호 전경자 백승국 오승연
발행인 김선희 편집 강민영
디자인 정선형 제작 김혜정 총무 이성경 인쇄 정우 P&P
펴낸곳 템북 주소 인천 중구 신도시남로142번길 6, 402호
전화 032-752-7844 팩스 032-752-7840
이메일 tembook@naver.com 홈페이지 tembook.kr
출판등록 2018년 3월 9일 제2018-000006호

ISBN 979-11-89782-54-2 03230

템북은 아이들이 꿈꾸게 하고, 교사들이 소명을 깨닫게 하며,
교육에 새로운 희망을 주는 책을 만듭니다.

여러분이 누구인지, 어디에 있는지,
그리고 희망이 무엇인지 알게 되길 바랍니다.

추천사

이 책을 읽는 것은 마치 햄버거를 먹는 것과 같다. 한 입 베어 무는 순간 게 눈 감추듯이 없어지고 마는 햄버거처럼 쉽고 간결해서 술술 읽다 보면 어느새 마지막 페이지에 와 있다. 그래서 처음 기독교 세계관을 만나는 청소년과 청년이 기독교 세계관으로 세상을 바라보고 살아가도록 돕는 가이드북으로 안성맞춤이다. 이 책을 햄버거에 비유했다고 해서 영양가 낮은 '정크푸드'처럼 생각하는 것은 오산이다. 이 책의 저자는 최고급 재료를 엄선해 맛도 좋고 영양도 만점인 수제버거를 만드는 요리사이다. 우리는 이 '사랑과 은혜의 세계관' 수제버거를 맛있게 먹기만 하면 된다.

유경상 _ CTC 기독교세계관교육센터 대표, 어린이·청소년을 위한 기독교 세계관 시리즈 저자

기독교 세계관을 배우는 학생들에게 가장 힘든 것은 '기독교'도 '세계관'도 너무 이해하기 어렵다는 것이다. 이 책에서 저자는 지극히 감성적이고 직관적인 청소년에게 직접 다가가 친근하게 말을 건넨다. 우리의 소소한 일상이 인식하지도 못하는 사이에 정체성을 만들어 간다는 사실을 전하면서 이 세상과 자기 자신, 삶의 의미, 하나님 나라에 대해 진지하게 생각해 보도록 한다. 세속주의에 무너지고 해체론에 난도질당한 하나님 나라를 새롭게 만들어 가는 꿈을 꾸는, 소박하지만 매우 간절한 저자의 통찰에 박수를 보낸다.

이상찬 _ 별무리학교 교장, 『미래를 여는 온오프라인 수업』 공저

이 책이 다루고 있는 일과 테크놀로지, 성, 소비, 진리, 행복에 대해 학생들은 정말 많은 궁금증을 가지고 있다. 하지만 이 질문을 학교와 가정, 교회에서 꺼내지 않고 세상을 통해 답을 얻고 세계관을 형성해 가고 있다. 이 책이 각 주제에 대해 던지고 있는 질문과 이에 대한 세상의 관점과 성경의 관점을 놓고 학생들과 허심탄회하게 대화를 나눈다면, 그들이 세상의 가치관을 분별하고 성경적 세

계관을 형성해 가는 데 큰 도움이 될 것이다.

정병오 _ 기독교윤리실천운동 공동 대표, 『기독시민으로 산다』 저자

세상을 향해 먼 여정을 떠나기 시작하는 모든 청년에게 이 책을 추천한다. 나아가 우리를 천천히 죽이고 있는 문화라는 물에서 헤엄치고 있는 모든 현대인에게 추천한다. 독자가 그리스도인이라면 자신의 삶에서 복음이 어떤 위치에 있는지 돌아보고 도전받을 것이다. 그리고 아직 기독교 신앙에 대해 확신이 서는 않는 사람이라면 삶의 진정한 자유와 목적이 무엇인지 생각해 보게 될 것이다.

최용준 _ 한동대 ICT창업학부 교수, 『성경적 세계관 강의』 저자

오늘날 젊은 세대가 궁금해하는 다양한 주제를 간략하면서도 명쾌하게 다뤄 주는 책을 드디어 만났다. 이 책은 이제 막 세상에 발을 내딛는 이에게 실질적인 도움을 주는 매우 유용한 책이다. 명료하며 지적인 이 책을 예수님을 따르기로 결심하고 그 길을 개척하려는 모든 이에게 추천한다.

제퍼슨 베스키 _ 뉴욕타임스 베스트셀러 *Jesus〉Religion* 작가

청소년과 청년들이 때로는 늪처럼 보이는 세상을 어떻게 헤쳐 나갈지 걱정이던 때에 이 책이 출간되어 안심이다. 저자는 우리를 그리스도를 향한 희망과 은총의 길로 안내한다. 그 길은 쉬우면서도 명확하고, 부드러우면서도 확신에 차 있다.

미셸 뎀시 _ Christian Education National 대표

우선 이 책은 재밌다. 학업과 진로 앞에 서 있는 친구들에게 도움을 주는 독창적이고 신선하며 통찰력 있는 책이다. 저자는 현대사회를 비판하지만 훈계하는 식이 아니며, 문화의 가면을 벗기지만 강압적이지 않다. 어떤 신앙서보다 지적이고 감성적이며, 공동체에서 선한 삶을 살아갈 수 있는 비전을 제시한다. 지도자들이 먼저 읽고 젊은 세대에 추천하길 바란다. 그들에게 꼭 필요한 책이다.

스티브 맥알파인 _ 목사이자 문화 전문가

차례

이 책에서 다루고자 하는 이슈들은 이미 많은 책에서 다루어 왔고 해마다 관련 서적도 꾸준히 출간되고 있습니다. 그런데 왜 한 권의 책이 더 필요한 걸까요? 거기에는 두 가지 이유가 있습니다.

첫째, 이 책은 곧 학교를 마치고 세상으로 나갈 청소년과 청년들이 이해하기 쉽도록 앞서 말한 이슈들을 새롭게 취합하고 분석하여 재구성한 것입니다.

둘째, 이 책에 교육 현장에서 사용할 수 있는 실제적인 내용을 담았습니다. 기독교교육연구소의 강사들은 기독교 학교 교사들에게 성경적 세계관을 강연하면, 종종 이런 질문을 받습니다. "우리 학생들에게도 이런 세계관 교육을 하고 싶은데 관련 교육 자료가 있을까요?" 이 책이 바로 그 질문에 대한 대답입니다.

『처음 만나는 기독교 세계관』은 성경 구절을 하나하나 자세히 분석하고 설명하는 식의 책은 아닙니다. 때로는 신학 지식이 깊지 않은 그리스도인에게, 또는 신앙을 하나의 교양으로 탐구하고자 하는 이에게 다가가는 책입니다. 더 많은 독자에게 닿아 그들의 삶이 변화되길 바라는 소망을 이 책에 담았습니다. 여러분에게도 쉽고 흥미로운 책이 되리라 믿습니다. 아직 그리스도인이 아닌 독자에게는 과연 성경적 세계관이 다른 세계관은 줄 수 없는 완전한 관점과 희망을 줄 수 있는지 알아보는 기회가 되길 바랍니다. 특히 마지막 12장의 은혜에 매료되길 기대합니다.

이 책의 많은 부분이 나의 자전적 내용임을 고백합니다. 확고한 무신론자였던 나는 학교를 졸업하고 막 사회에 발을 들여놓던 시기에 성경적 세계관과 은혜의 복음을 수용하는 전환기를 맞이했습니다. 그 시절에 보낸 내 혼돈의 여정이 여러분에게 도움이 되길 바랍니다.

_크리스 파커

나는 여러분을 전혀 모릅니다.

어떤 책들은 독자의 흥미를 끌기 위해 서두를 자극적인 내용으로 시작합니다. 예를 들면 이렇습니다. "최고의 시절이자 최악의 시절…"[*], "내 인생이 지극히 평범할 거란 사실을 받아들이기 시작할 무렵부터 아주 이상한 일이 일어나기 시작했다"[**]. 그런데 나는 시작부터 독자인 여러분과 나 사이에 선을 긋는 말을 했습니다. "나는 여러분을 전혀 모릅니다." 이런 말보다는 호기심과 신뢰를 불러일으키고 인연을 강조하는 말로 시작하는 게 더 좋지 않았을까요?

---

[*] 찰스 디킨스, 『두 도시 이야기』(펭귄클래식코리아, 2012), 13쪽.

[**] 랜섬 릭스, 『페러그린과 이상한 아이들의 집』(현대문학, 2011), 11쪽.

40대 성인 남자인 나는 여러분과 같은 젊은 사람에 대해 아는 척하고 싶지 않습니다.

하지만 한 가지 확실한 사실은, 여러분이 현재 있는 그곳에 나 또한 있었다는 것입니다. 나도 여러분이 현재 있는 그곳, 그러니까 막연한 미래를 앞둔 불안정한 10대 후반과 20대 시절을 지나왔습니다. 곧 여러분 앞에 닥칠 인생의 다음 단계를 생각하면 흥분과 희망, 호기심 그리고 깊은 염려와 걱정 같은 감정이 함께 일어납니다. 그때 나는 격정적이었고 때로는 모든 것이 버거웠습니다. 여러분은 어떤가요?

지금 아는 걸 그때도 알았더라면 좋았을 일들이 꽤 있습니다. 그랬다면 졸업 후 지뢰밭 같은 인생을 헤쳐 나가는 데 도움이 되었을 테지요. 이 책은 내가 품었던 그릇된 생각과 실수, 미리 알았더라면 좋았을 것들을 두루 성찰하면서, 지금 젊은 시절을 보내고 있는 여러분이 깊이 생각해 보기를 바라는 문제와 이슈들을 다루고 있습니다.

길을 헤매지 않고 목적지까지 한 번에 갈 수는 없을 겁니다. 길 위에 선 여러분에게 이 책이 작은 나침반 역할을 해 준다면 더 바랄 게 없겠습니다.

이 책을 처음부터 끝까지 다 읽으라거나 순서대로 차례차례 읽으라는 제안은 하고 싶지 않습니다. 실제로 여러분은 처음 몇 장을 훑어보다 3부의 몇몇 장에 더 관심을 가질 수도 있습니다.

만약 그렇다면 먼저 3부를 이리저리 읽어 봐도 좋습니다. 하지만 두세 가지 주제에 대해 읽은 뒤에는 2부도 읽어 보길 바랍니다. 그 부분은 초점을 잘 맞춘 렌즈로 볼 때 더 선명하게 보입니다.

이 책을 어떤 순서로 읽든지 간에 4부는 꼭 읽었으면 합니다. 그리고 깊이 생각해 보길 바랍니다. 은혜는 하나님이 그분의 백성에게 쏟아 부으시는 과분한 용납과 사랑이며, 받을 자격이 없는 이들에게 거저 주시는 선물입니다.

은혜가 없는 삶은 진정한 삶이 아닙니다. 참된 삶이 못

됩니다. 열심히 일하고, '섹시'하고, 많은 것을 소유하고, 감정에 충실하고, 행복을 추구한다 해도 그런 삶은 기껏해야 염려와 이기심이 가득한 얕은 바다에서 헤엄치는 것과 같습니다. 그런 것들은 진정한 기쁨을 선사할 수 없습니다. 은혜가 없는 삶은 기껏해야 허송세월한 것에 불과합니다. 그런데 안타깝게도 너무 많은 사람이 학교를 졸업하고 인생의 다음 단계로 들어설 때 그런 삶에 안주하기로 결정하고, 그런 삶을 추구하는 인생관을 세웁니다.

PART 1

개구리와 물고기

Why the frog and the fish?

우리가 헤엄치고 있는 물

"우리는 사는 날 동안
거의 모든 순간에 문화의 다양한 모습
(외형과 옷, 냄새, 태도, 가치관, 전통, 행위, 신념, 의례 등)에 푹 잠겨 있다."
_랜더 앱델-패타 작가

냄비 속 개구리 이야기를 생각해 보세요. 냄비 속으로 뛰어든 개구리는 자기에게 알맞은 따뜻한 물과 아늑한 장소를 찾아서 행복해합니다. 문제가 있다면 물이 점차 데워지는 중이고 곧 팔팔 끓을 것이라는 사실입니다. 이 이야기는 개구리가 서서히 끓고 있는 물에서 충분히 빠져나올 수 있음에도 (편안하고 안정된 곳에) 그대로 있다가 죽음에 이르는 것으로 끝납니다.

이 이야기의 물, 그리고 우리 인생 문제와 이슈에 무슨 관계가 있는지 살펴봅시다. 그전에 먼저 서양 속담을 하나 이야기하겠습니다.

"물에 대해 알고 싶다면 물고기에게 묻지 말라."

개구리와 물고기는 그들의 세계인 '물' 안에서 물의 영향을 받으며 살아갑니다(혹은 죽어 갑니다). 우리도 마찬가지입니다. 우리 인생의 문제와 이슈, 판단 기준에 대해 생각하는 방식은 우리가 몸담은 세계의 영향을 받습니다. 개구리와 물고기의 경우처럼 우리가 의식하든 의식하지 않든 그렇습니다.

개구리의 경우, 그런 효과는 천천히 은근하게 일어납니다. 그리고 개구리는 계속해서 자기에게 좋아 보이는 일을 합니다.

물고기 이미지가 주는 메시지는 조금 다릅니다. 물고기는 물속 세계에 푹 잠겨 있기 때문에 물 바깥에 대해서는 아무것도 모릅니다. 물고기는 물에 대해서라면 누구보다 자신 있게 설명할 수 있다고 생각하지만, 물 외의 다른 세계를 경험하지 못해서 생기는 미숙함은 어쩔 수 없습니다.

개구리와 물고기가 살고 있는 물은 우리가 살고 있는 문화와 같습니다.

우리는 모두 우리가 사는 세계의 문화에 푹 잠겨 있고, 그 문화를 통해 형성됩니다. 문화는 가치관을 형성하고 인생의 큰 문제들에 대한 견해를 세우게 합니다. 이 효과는 너무나 커서 우리가 '큰 문제'로 여기는 것에도 지대한 영향을 미칩니다.

개구리 우화에서 알 수 있듯이, 문화는 잠재적으로 천천히, 그리고 알아차리지 못할 정도로 미묘하게 우리 삶에 영향을 끼칩니다. 그리고 물고기 속담에서 알 수 있듯이, 우리가 우리 주변을 둘러싼 문화에 많은 영향을 받는다 할지라도 상황을 이해할 수 있는 외부의 기준점이 없으면 그 영향력을 인식하는 데는 한계가 있습니다.

문화는 언어와 태도, 전통, 신념, 패션, 법률, 사회구조, 과학기술 등을 포함합니다. 이것들을 다 합친 것과 그 배후의 가정(假定)이 문화의 줄기를 형성합니다. 예컨대, 뉴스를 보도하는 방식이나 심지어 어떤 사건을 '뉴스'로 선택할지 결정하는 것조차 문화의 일부를 이룹니다. 정치인들이 캠페인을 벌일 때 거론하기로 정한 것들도 우리 문화의 일부가 됩니다. 법률 언어와 법적 시스템을 구성하는 방식도 문화의 일부를 이룹니다. 학교에서 가르치기로 선택한 것(그리고 가르치지 않기로 선택한 것)이나 광고주가 우리를 유인하기 위해 사용하는 낚싯바늘, 주류 영화에 엮어 넣은 주제와 '이야기의 교훈', 디지털 기술의 혁신 등은 모두 우리 문화의 일부를 이룹니다. 문화가 이야기하는 것은 우리의 정체성과 우리가 생각하는 방식, 우리가 내리는 결정, 우리의 인생관 등에 강력한 영향을 미칩니다. 인간은 문화의 영향 아래 성장합니다. 이는 피할 수 없는 사실입니다.

나는 기독교 가정에서 자라지 않았습니다. 기독교 학교에 다니지도 않았습니다. 대신 부모님의 사랑을 받으며 대체로 안정된 가정에서 성장했습니다. 하지만 내가 속한 문화에 대해 비판적으로 생각하라는 교육은 받지 못했습니다. 이제 와서 돌이켜 보면 당시에 개구리와 물고기의 교훈이 주는 관점을 삶에 적용했더라면 더 많은 유익을 얻지 않았을까 합니다.

그런데 나에게 의미심장한 변화가 생겼습니다. 성인이 되어 심오한 외부의 기준점을 발견한 것입니다. 그 기준점은 의미와 목적, 희망으로 충만한 삶에 대한 이야기였으며, 당시 문화와는 반대 방향에 서 있는 이야기였습니다. 확고한 무신론자였던 10대 시절의 나는 완전히 돌아서서 성경에 펼쳐진 큰 그림, 희망이 가득한 서사를 믿게 되었습니다. 그 이야기는 내가 믿던 모든 것을 과학 중심적 무신론보다 훨씬 잘 설명해 주고 또 의미를 부여해 주었습니다. 아울러 예전에는 몰랐던 희망과 목적, 자유를 선사하고, 이 세계에서의 목적을 제대로 볼 수 있는 렌즈까지 주었습니다. 뿐만 아니라 그동안 내가 나를 둘러싼 문화를 통해 '만들어지고' 있었다는 사실을 볼 수 있는 용기와 분별력도 주었습니다.

이 책은 희망이 가득한 렌즈로 인생의 몇 가지 이슈를 보도록 제안합니다. 2부에서는 "나는 누구인가?", "나는 어디에 있는가?", "나와 세상에는 무슨 의미가 있는가?" 등 삶의 중요한 문제에 답변하면서 렌즈의 초점을 맞춥니다. 3부에서는 이 렌즈로 일과 테크놀로지, 성, 소비, 진리, 행복 등의 이슈를 탐구합니다.

4부에서는 독자 한 사람 한 사람과 만납니다. 성경 이야기는 단지 세계(와 그 이슈들)를 바라보고 이해하는 방식만 가르쳐 주는 데 그치지 않습니다. 그 서사는 하나님인 사

람, 곧 예수와 우리 한 사람 한 사람의 관계에서 오는 큰 희
망을 보여 줍니다.

PART 2

우리를 둘러싼 세상에 대한 질문

Some Big Questions

2

나는 누구인가?

이런 생각,
해 본 적 있나요?

- 나는 나 자신을 누구라고 생각하는가?
- 나는 나를 무엇이라고 생각하는가?
- 내 존재의 진정한 목적은 무엇인가?
- 나는 어떤 목표점을 향해 가고 있는가? 과연 목표점이 있기는 한 가?
- 나는 다른 사람들과 어떤 관계를 맺고 있는가?
- 나는 세상이 규정할 수 있는 것보다 큰 존재인가?
- 나는 도대체 누구인가?

"나와 위대함 사이에
　서 있는 것은 오직
　나뿐이다."

　_우디 앨런 영화감독이자 작가, 배우

　　10대 시절의 나는 내가 죽으면 썩어서 없어질 존재라고 믿었습니다. 내가 누구인지(감정, 욕망, 갈망, 생각, 희망 등을 포함해서)를 종합적으로 말하라고 하면 생물학적 물질과 화학적 반응, 전자들 간의 미세한 전기 충격 등으로 설명했습니다. 내 인생이 마감될 때는 세포들이 죽어 화학적 반응이 멈추고, 생물학적 물질이 벌레에 먹히리라 생각했습니다. 결국 나, 그러니까 크리스 파커는 존재하지 않게 됩니다. 그래서 친구들과 가족이 절망과 슬픔에 대해 이야기할 때 나는 항상 "슬픔과 헛되다는 감정은 화학적 반응에 불과하다."는 식으로 대꾸했습니다.

내가 그렇게 생각하게 된 공로는 나를 가르친 과학 선생님들에게 돌려야겠습니다. 그분들은 내가 과학에 흥미를 갖고 열정을 품도록 하셨으니까요. 의도적이었는지는 모르겠지만 그분들은 나에게 과학에 대한 '신앙'도 주입해서 내가 과학을 숭배하고 과학의 미덕을 다른 이들에게 '전파하게' 하셨습니다.

하지만 그 공로는 과학 선생님들만의 것은 아니었습니다. 내가 몸담았던 세상의 '물', 즉 문화는 과학이 인간의 모든 질문에 해답을 제공한다고 이야기했습니다. 과학에서 아직 답을 찾지 못한 부분이 있다면 그 부분에 대해서는 조금만 더 기다리라고 했습니다. 나는 과학을 신봉하는 바람에 내 자신이 누군지에 대해 매우 좁은 견해를 갖게 되었습니다.

사람들은 대부분 "나는 누구인가?"라는 질문에 명료한 대답을 내놓지 못합니다. 자기 정체성의 차원에서는 흔히 이렇게 말하죠. "나는 존 라이언이고, 내 부모는 미국인이다. 나는 라이언 집안의 일원이다. 내가 좋아하는 음악 그룹은 'U2'이고 장차 치과의사가 되고 싶다." 하지만 이 답변은 "인간이란 무엇인가?"라는 질문에 확실한 대답이 되지 못합니다. "나는 도대체 누구인가?"라는 질문에 대해서도 마찬가지입니다. 많은 사람이 이 질문에 대해 깊이 생각하지 않습니다.

하지만 물고기가 물속에서 사는 것처럼 우리가 살고 있는 문화는 우리가 인식하지 못하는 사이에 우리에게 답을 주고, 우리는 그 답을 토대로 우리 자신을 바라보고 이해합니다. 그 답변은 또한 인생의 목적과 장소, 타인의 가치에 대한 우리의 가치관도 형성합니다. "나는 도대체 누구인가?"라는 질문에 대한 답변은 우리 삶의 많은 측면을 이루는 기초가 됩니다.

인간이란 무엇인가?

이제까지 서양 사회에서 인간에 대한 관점이 단 하나였다고 말하는 것은 지나치게 단순화된, 오해의 소지가 있는 잘못된 생각입니다. 오늘날에도 인간을 바라보는 다양한 관점이 있고, 이 관점들이 서로 융합한 것도 적지 않습니다. 이런 이유로 지금부터 몇 가지 중요한 문화적 관점을 함께 살펴보겠습니다.

유물론

유물론은 10대 시절 내 인간관에 큰 영향을 미쳤습니다. 이 관점에 따르면, 물질은 세상에 존재하는 전부입니다. 따라서 과학을 통해 물질과 그 물질들의 상호작용을 연구하면 우리가 던지는 모든 질문의 해답을 얻을 수 있습니다. 물론 여기에는 "인간이란 무엇인가?"라는 질문도 포함됩니다. 이 관점에서 인간은 원자와 세포, 화학적 반응, 생물학적 물질에 불과한 존재입니다.

다윈주의

다윈주의는 유물론적 관점의 연장선상에 있습니다. 이 관점에 따르면, 인간은 다른 동물처럼 고도로 진화된 생명의 한 형태일 뿐입니다. 이 관점과 함께 '적자생존'이란 경쟁적 의식구조는 우리 자신과 다른 인간들을 바라보는 관점을 형성합니다. 이제 다른 사람은 잠재적으로 (종종 의식적으로도) 나의 경쟁자가 되고 그 결과, 인간관계의 저변에는 불안한 경쟁적 흐름과 질투가 주입됩니다.

소비주의

소비주의는 그 자체로 상당한 영향력을 지니고 있지만 보통은 다른 관점과 융합되는 관점들 중 하나입니다. 이 관점에 따르면, 인간은 소비자이며 인간의 목적은 소비하는 데 있습니다. 인간은 경험과 물건, 엔터테인먼트, 즐거움, 더 많은 무언가를 계속해서 소비합니다. 우리의 정체성과(인간과 국가로서의) 가치는 소비 수준에 달려 있습니다. 이 관점은 서양에서 강한 힘을 발휘할 뿐 아니라 전염성도 커서 개발도상국과 토착 문화에 빠르게 전염되는 중입니다.

영성주의

영성주의는 인간이 물질 이상의 존재임을 인정하는 데 도움이 됩니다. 영혼이나 영이 존재한다는 이 관점에 따르면, 다른 인간들과 대자연 또는 신과 하나됨(Divine Oneness) 등 사이에 영적 연관성을 맺는 것은 중요한 일입니다. 영성주의는 다양한 형태를 띠고 폭넓은 어휘를 사용하기 때문에 지나치게 단순화되는 경향이 있습니다. 이 관점에서 중요한 점은 인간의 영적 요소를 인식하고 강조한다는 것입니다.

디지털주의

디지털주의도 다른 관점과 융합된 관점입니다. 인간에 대한 이 관점은 디지털 기술이 일상생활의 구조, 특히 소셜 네트워크에 널리 도입되면서 형성되었습니다. 인간은 그들 자신의 가상적 표상representation을 자유롭게 구성하는, 고도로 연결된 개체입니다. 디지털 속 나는 때때로 나의 '실제' 정체성보다 더 큰 주목을 받습니다. 뿐만 아니라 계속해서 변화하고 다듬어질 수 있으며, 심지어 다수의 형태를 지닐 수도 있습니다. 이 관점에 따르면, 인간의 정체성은 가상의 친구들이 얼마나 많은지, 그 친구들과 얼마나 연결되어 있는지를 통해 규정됩니다.

성性 중심주의

성 중심주의도 다른 관점과 융합된 또 하나의 관점입니다. 이 관점은 갈수록 널리 퍼지고 있습니다. 이 렌즈로 세상을 보면, 인간은 무엇보다도 성적인 존재입니다. 인간 존재의 중심, 즉 인간의 가치는 우리의 성性, 우리가 가진

> " '나는 도대체 누구인가?'라는 질문에 대한 답변은
> 우리 삶의 많은 측면을 이루는 기초가 됩니다.
> "

성의 유형과 세기, 남들이 우리를 얼마나 섹시하다고 보는
지에 달려 있습니다. 이런 관점에서 볼 때 섹슈얼리티(성적
인 것)는 우리가 다른 사람과 상호작용을 주고받는 화폐가
되고, 따라서 우리는 여기에 대부분의 에너지를 투자하고
집중하게 됩니다.

성경이 말하는 인간관

성경이 말하는 인간관은 앞서 말한 여러 문화적 관점과
확연히 다릅니다. 다를 뿐 아니라 참신하고 희망이 가득
하며, 목적이 분명하고 해방감을 줍니다. 인간은 하나님이
설계하시고 사랑을 담아 만드신 피조물입니다. 바로 하나
님이 나를 설계하시고 사랑으로 창조하셨습니다! 나는 우
연의 산물이 아닙니다. 가치와 목적 없는 존재도 아닙니
다. 내 가치는 SNS(소셜 네트워크)에서 받은 '좋아요'가 얼마
나 많은지, 내가 얼마나 '섹시한지'에 좌우되지 않습니다.

내 자신의 가치는 내가 몸담은 문화와 그 문화 안에서 통용되는 여러 인간관 바깥에 있습니다. 나를 둘러싼 문화의 반대쪽에 서 있는 성경은 소중한 존재가 되려고 경쟁하거나 업적을 세우거나 소비할 필요가 없다고 말합니다. 이 관점은 참신하고 심오하며, 해방감을 주는 궁극의 관점입니다.

하나님은 사람들을 창조하셨을 뿐 아니라 그들에게 특별한 신분을 주셨습니다. 사람은 창조 세계의 중심입니다. 다른 피조물이나 여러 동물 중 하나에 불과하지 않습니다. 그것들과 구별된 존재로서 창조 세계를 돌보는 역할을 합니다. 이 인간관은 내가 무신론에서 회심하는 데 영향을 주었습니다. 나는 사람이 여러 면에서 동물과 다르다는 것을 확신하게 되었습니다.

또한 성경적 관점은 우리가 하나님의 형상으로 창조되었음을 일깨워 줍니다. 성경은 우리가 "그분의 모양대로" 창조되었다고 말합니다. 이는 단순히 하나님과 우리가 비슷한 외모를 가졌다는 뜻일까요? 성경은 이 대목에서 외모보다 더 깊은 차원의 무언가를 말씀합니다. 하나님의 형상을 지닌 우리는 우리 정체성의 일부를 그분과 공유합니다. 인간이 서로 관계를 맺으며 사는 존재인 것은 삼위일체(아버지, 아들, 성령)이신 하나님이 근본적으로 관계를 맺는 존재이시기 때문입니다. 그분은 영원히 공동체 내에 존재하시고, 가장 기본적이면서도 궁극적인 관계를 정의하시는 분입니다.

하나님은 창조자이십니다. 그래서 그분의 형상을 반영하는 인간에게도 창조하고 혁신하고픈 열망과 능력이 있지만 우리가 무언가와 관계를 맺고 창조하는 활동은 기껏해야 그분이 하시는 일의 그림자 정도일 뿐입니다. 그러나 우리의 그런 성향과 능력, 열망은 우리가 그분의 모양대로 창조된 결과입니다.

기독교 철학자 마크 세이어스[Mark Sayers]는 인간의 정체성은 수직적 상황에서 밝혀진다고 설명합니다. 즉, 인간은 하나님께 영광을 돌려드리기 위해 그분의 형상으로 만들어진 존재라는 것입니다. 그러나 성경을 보면 최초의 인간이 거짓 속삭임, 즉 우리가 창조주를 무시하면 실제로 그분같이 되고 그분이 가진 것을 가질 수 있다는 거짓말을 믿은 바람에 정체성의 위기를 자초했습니다. 이것은 슬픈 아이러니입니다. 우리는 이미 하나님과 비슷한 존재, 곧 그분의 형상을 지닌 존재이기 때문입니다.

사실 우리는 아직도 이런 거짓말에 시달립니다. 우리는 계속해서 우리의 수직적 정체성을 무시하고 얄팍하고 불안정한 수평적 정체성에 집중합니다. 그리하여 다른 사람들의 평가가 우리의 정체성을 좌우하도록 허락합니다. 이 역사는 무척 길지만 최근 디지털 기술과 소셜 미디어의 발달로 우리 문화에서 중요한 위치를 차지하게 되었습니다. 수평적 정체성의 렌즈로 타인을 보면, 그들은 우리가 누구인지를 밝혀 주기 위해 존재하는 것처럼 보입니다. 우리가 페이스북에 올린 게시물과 거기에 달린 '좋아요' 또는 댓글이 우리 자아의식과 가치를 형성합니다.

솔직한 사람이라면 누구나 이런 물에 발가락을 담근 적이 있다고 시인할 것입니다.

수영선수 케이트 캠벨Cate Campbell 은 유력한 우승 후보였던 올림픽 경기에서 메달을 놓친 후, 한 인터뷰에서 이런 말을 했습니다.

"나는 항상 금메달만이 내 가치를 증명하는 것은 아니라고 말해 왔습니다. 그 말이 이번 경기로 시험대에 올랐네요. 나는 여러분을 모두 사랑합니다. 경기 결과로 나를 향한 여러분의 생각이 바뀌지 않기를 바랄 뿐입니다. 제발 나를 다시 사랑해 주세요."

이 인터뷰 내용은 실망감에 빠진 사람이 보인 단순한 감정적 반응에 불과할까요, 아니면 불안한 수평적 정체성을 간파한 하나의 통찰이었을까요? 케이트, 당신은 창조주가 설계하고, 만들고, 소중히 여기는 존재입니다. 당신의 가치는 당신의 업적(또는 실패)과 아무런 관련이 없고, 타인(특히 당신이 결코 만날 일이 없는 사람)의 변덕스러운 사랑과 칭송과도 완전히 무관합니다.

우리가 의미와 목적, 자기 가치를 추구할 때 얻으려고 애쓰는 금메달은 무엇인가요? 우리는 어떤 인간관의 영향을 받고 있나요?

우리는 도대체 누구입니까?

3

세상의 진짜 모습은 무엇인가?

이런 생각,
해 본 적 있나요?

- 세계가 무엇이라고 생각하는가?
- 우주가 존재하는 목적은 무엇인가?
- 세계는 나에게 어떤 잠재력을 주는가?
- 세계는 어떻게 시작되었는가?
- 세계는 어디로 향하고 있는가?

"우리는 모두 이런 질문을 한다.
'나는 누구인가?',
'이 세상에 어떻게 적응할 것인가?',
'이 모든 것은 무슨 의미가 있는가?'"

_맨디 무어 영화배우이자 가수

지금 여러분의 손목에 시계가 있습니까? 아마 그렇지 않을 가능성이 큽니다. 한 연구에 따르면 16~34세의 60퍼센트가 스마트폰으로 시간을 확인한다고 합니다. "시간을 거의 신경쓰지 않는다."라고 답한 사람은 1퍼센트도 안 됩니다. 손목시계든 스마트폰이든 우리는 시계를 보며 살아갑니다. 시간이 우리의 삶을 지배합니다.

기술의 발명이 사회의 작동 방식을 어떻게 바꾸는지, 그리고 문화적 차원에서 세계에 대한 관점을 어떻게 형성하는지를 보는 것은 참으로 흥미롭습니다. 시계가 좋은 본보기입니다. 시계가 발명되기 전에도 사람들은 분명히 시간의 흐름을 이해했고, 어떤 일을 어떤 시기에 해야 할지 알았습니다. 하지만 시간이라는 개념이 그들 생각의 전면에 있지는 않았습니다. 그러나 17세기 유럽에서 시계가 발명되자 사람들은 초^{秒} 단위로 움직이는 새로운 인생관을 갖게 되었고, 세계의 작동(생물적 시스템, 운동 법칙, 본능)을 '시계장치'처럼 생각하게 되었습니다. 그들은 하나님을 시계공으로 묘사했고, 그들의 세계관도 이런 생각의 영향을 받았습니다.

시계의 영향력은 문화적 스토리텔링이 어떻게 우리의 세계관을 형성하는지 보여 주는 하나의 실례에 지나지 않습니다. 과학기술과 문학, 정치 캠페인, 학교 커리큘럼, 광고 등은 모두 강력한 힘을 발휘하여 우리가 세상을 바라보는 관점에 영향을 미칩니다.

인간에 대한 관점과 마찬가지로, 우리가 헤엄치고 있는 물에는 다음과 같은 세계관이 있습니다.

과학지상주의

과학지상주의에 따르면, 이 세상은 인과법칙에 따라 작동하는 예측 가능한 큰 기계와 같습니다. 따라서 수학과

48

물리학, 화학, 과학적 방법을 통해서만 이 세상을 가장 정확하게 이해할 수 있습니다. 무엇이 참인지를 알 수 있는 당연하고도 유일한 방법은 '증거'입니다.

다원주의

다원주의에 따르면, 물리적이고 자연적인 세계가 존재의 전부입니다. 이 세상에서는 오직 적자(適者)만 생존할 수 있습니다. '좋은 것'과 '나쁜 것'은 그저 편의를 위한 분류일 뿐 무가치합니다. 그러니 얼른 세상으로 나가서 경쟁을 시작해야 합니다.

개인주의

개인주의에 따르면, 세계는 내가 성공해서 이름을 떨칠 수 있는 잠재성이 가득한 곳입니다. 이 세상은 남들 이름 위에 내 이름을 올릴 수 있는 가능성이 무궁무진한 신나는 세계입니다(여기서 다원주의의 영향을 눈여겨보세요). 이 관점은 '개인의 권리'라는 렌즈로 세계를 보라고 합니다. 이 관점의 극단적 형태는 삶의 여러 측면(정치, 교육, 성)에 영향을 미치는 가장 강력한 문화 사조의 하나가 되고 있습니다.

이 관점은 최근 우리 사회의 DNA를 형성하고 있습니다.

디지털주의

디지털주의에 따르면, 세계는 무한한 기술의 가능성이 존재하는 곳이자 대량 정보와 한없는 연계망이 존재하는 곳입니다. 이 세계관에 따르면 다른 사람과 연결되고 정보에 접속하는 것이 세계의 근본 구조입니다.

성경이 말하는 세계관

성경이 말하는 세계관에 따르면, 세계는 계획적으로 만들어진 곳이자 목적을 지닌 곳입니다. 세계는 우리가 우주라고 알고 있는 물질과 에너지의 패턴을 결합하고 생산하는 무작위의 과정이 낳은 결과가 아닙니다. 세상의 기원에 대한 세부 사항은 논쟁의 여지가 있습니다. 하지만 성경은 다른 존재와 관계를 맺으려는 초자연적 존재가 계획을 세워 이 세계를 창조했다고 계시합니다. 그리고, 그 속에 복잡한 구조와 열정적인 목적을 엮어 넣었다고 말합니다. 하나님은 창조주이시고, 세계는 그분의 피조물입니다.

성경은 하나님을 저 멀리 있는 시계공, 곧 창조 세계의 태엽을 감아 놓고 뒤로 물러나서 그 세계가 작동하는 모습을 관망하는 존재로 보지 않습니다. 성경 속 하나님은 창조 세계 가까이에 계시고, 계속해서 그 세계를 창조하고 지탱하시는 분입니다. 우리 숨결 하나에도 창조 세계에 개입하시는 그분의 목적과 관계가 있습니다.

대학 시절 무신론자였던 내가 그리스도인으로 회심한 사건은 다음 두 가지 점을 깊이 인식하면서 일어났습니다. 하나는 우주가 예술적이고 완벽한 복잡성 안에서 작동한다는 것이고, 다른 하나는 무엇인가가 이런 복잡한 작동을 지탱하고 있다는 것입니다. 특히 새로운 생명의 탄생이 그러했습니다. 당시에는 몰랐지만 이런 깨달음은 사실상 성경이 수천 년 동안 묘사해 온 진리를 인정하는 것이었습니다.

성경이 제시하는 세계관의 두 번째 중요한 점은, 창조주가 물리적이고 생물적인 세계(인간을 그 중심에 둠)만 창조하신 것이 아니라는 것입니다. 창조주는 수많은 '선'善을 창조해서 세계 속에 엮어 넣고, 인간이 그것을 경험하고 지키고 개발하도록 하셨습니다. 만일 우주가 임의로 생겼고

> " 만일 우주가 임의로 생겼고 비인격적이라면,
> 어떻게 사랑과 유머, 정의, 열정 등을
> 설명할 수 있을까요?
> "

비인격적이라면, 어떻게 사랑과 유머, 정의, 열정 등을 설명할 수 있을까요?

예컨대 음악은 아무렇게나 만드는 것이 아닙니다. 인간은 어떤 것들(현, 성대, 파이프 속 공기)을 진동시킬 수 있습니다. 진동의 속성을 정교하게 배열해서 물리학이 설명하는 것 이상의 것을 만들 수 있습니다. 그리하여 마침내 베토벤의 "달빛 소나타"와 에드 시런의 "Thinking out loud"(생각나는 대로 말하기) 같은 결과를 낳을 수 있었습니다. 하나님은 인간이 이런 일을 할 수 있도록 창조 세계 안에 잠재력을 엮어 넣으셨습니다.

이 세계관은 하나님을 창조주로, 우주를 그분의 피조물로, 인간을 창조 세계에서 특별한 지위를 가진 존재로 봅니다. 그리고 인간이 발견해서 개발할 수 있는 놀라운 문화적 잠재성(예: 음악)이 창조 세계에 녹아 있다고 봅니다.

가족은 인간이 창안한 것이 아닙니다. 가족은 하나님이

이 세계를 설계하신 것 중 일부입니다. '정의'正義는 문화적 부산물이 아닙니다. 정의는 하나님이 인간 공동체의 구조 속에 집어넣으신 의식입니다. 리더십과 언어는 인간이 개발하도록 하나님이 설계하신 것입니다. 과학과 실험, 발견은 창조 세계의 잠재성에 엮어 넣은 (하나님의) 놀라운 축복입니다.

성경의 앞부분에는 하나님이 손수 창조하신 세상을 보고 "좋다."고 선언하시는 장면이 나옵니다. 하나님이 판다와 초신성, 폭포, 쿼크(양성자, 중성자와 같은 소립자를 구성하고 여겨지는 기본 입자)에 대해 생각하셨을 뿐 아니라 인간이 펼치고 키워 나갈 놀라운 잠재성을 모두 지시하셨다고 확신합니다.

이 세계는 정말로 어떤 모습일까요? 하나님은 이 세계를 선한 것으로 창조하셨습니다. 이 세계는 인간이 개발할 수 있는 잠재성으로 가득 차 있습니다. 마치 아버지가 만든 모래밭에서 자녀가 모래성을 쌓고 들뜬 모습을 아버지가 자랑스럽게 바라보는 것과 같습니다. 우리가 그분의 창조 세계(모래밭)에서 그 안에 담긴 모든 잠재성을 개발해 하나님을 기쁘시게 해드리고 영광을 돌려드리면 하나님이 영광을 받으십니다.

처음 이런 식으로 세상을 바라보고 이해했을 때 그 깨달음은 나에게 몹시 충격적이었습니다. 안타깝게도 내가 막 그리스도인이 되었을 때는 '세상적인 것들'에 대해 흥분하는 내 자신이 혼란스럽게 느껴졌습니다. 자연스럽게 나의 호기심과 흥분이 커졌을 때도 계속 '하늘의' 생각과 느낌으로 되돌아가야 한다고 생각했습니다. 훗날 이 세계에서의 삶을 온전히 보게 되었을 때에야 비로소 창조 세계와 그 안의 모든 영역이 우리가 지키고 개발하도록 하나님이 만드신 것임을 깨닫고 변혁에 가까운 낙관론과 흥분을 얻었습니다. 또한 그때 그리스도인이 된다고 해서 호기심과 재미, 창의성과 기쁨을 버릴 필요가 없음을 알게 되었습니다. 오히려 성경적 세계관은 이런 것들을 더 풍성하게 합니다.

4

세상에는 불의가 왜 이렇게 많은가?

이런 생각,
해 본 적 있나요?

- 나는 불의를 보면 어떤 생각이 드는가?
- 창조 세계가 실제로 좋은 것이라면 세상에는 왜 그토록 많은 악과 고통이 존재하는가?
- 불의가 어떻게 성경의 일부가 될 수 있는가?
- 인간의 자유는 불의와 어떤 관계가 있는가?
- 인간은 세상의 불의와 악을 해결할 수 있는가?

"세계는 악을 행하는 자들이 아니라
 아무것도 하지 않은 채 그들을 지켜보는
 자들에 의해 파괴될 것이다."

_알버트 아인슈타인 물리학자

어떤 책을 읽고 큰 충격을 받은 적이 있나요? 나는 『우리가 꼭 알아야 할, 그러나 잘 알지 못했던 세상의 몇 가지 사실들』(제시카 윌리엄스, 여름언덕, 2005)을 읽고 그랬습니다. 10여 년 전에 이 책을 읽고 가슴을 한 대 얻어맞은 것 같았습니다. 이 책에 나온 불의에 큰 충격을 받았는데, 그중 몇 가지를 소개하면 다음과 같습니다.

• 일본 여성의 평균 수명은 84세인 반면, 보츠와나 여성의 평균 수명은 39세이다.

- 세계 인구 5분의 1에 해당하는 12억 5천만 명은 영양실조에 걸려 있다.

- EU 국가의 모든 젖소는 매일 정부 보조금으로 2.3달러를 지원받는데, 아프리카에서는 네 명 중 세 명의 1일 생계비가 그보다 적다.

- 세계에는 약 2천 7백만 명의 노예가 있는데, 그중 다수는 성노예와 아동 군인이다.

- 인도에는 4천 4백만 명의 아동 노동자가 있고, 그중 일부는 하루에 열여섯 시간씩 일한다.

- 지뢰는 매 시간 한 사람을 죽이거나 불구로 만든다.

이 내용은 인간이 다른 인간에게 저지른 불의에 대한 것입니다. 그런데 이런 불의가 무작위로 일어난다면 어떨 것 같은가요? 그 예로 이런 질문을 해 볼 수 있습니다. "어떤 아기가 기형으로 태어나는 것이 과연 공정한가?", "한 번

의 지진해일로 23만 명이 죽는 것이 과연 타당한가?", "자
기 잘못도 아닌데 암에 걸리는 것은 불의하지 않은가?" 내
경우에는 이렇게 물을 수 있습니다. "내가 일곱 살이고 여
동생이 네 살밖에 되지 않았을 때 왜 우리 아버지는 일터
에서 사고로 돌아가셔야 했는가?" 이처럼 불의는 인간이
만들기도 하지만 종종 인간의 통제 밖에서 일어나기도 합
니다.

이것이 정말로 앞 장에서 묘사한 창조주가 설계한 '좋
은' 세상에 대한 이야기처럼 들리나요? 그렇지 않습니다.
그러나 좋은 소식이 있습니다. 그 소식은 다음 장에서 살
펴볼 예정입니다. 그보다 먼저 우리 주변을 둘러싸고 있는
나쁜 소식의 습성을 탐구해 보겠습니다.

성경은 그저 우리에게 여러 세계관의 한 페이지를 장식
할 단편적 진리만 주지 않습니다. 성경은 우리에게 "우리
는 하나님의 형상으로 만들어졌다.", "창조 세계는 근본적
으로 선한 것이다."와 같은 진리를 줍니다. 뿐만 아니라 우

리가 역사의 흐름을 이해하고 역사 속 모든 사건과 그 시대 사람들의 삶이 어떻게 그 이야기에 들어맞는지를 알게 해 줍니다. 물론 '옛날 옛적에'로 시작하는 이야기를 말하는 것이 아닙니다. 성경은 우리에게 이 세상에서 펼쳐지는 모든 것을 조금씩 이해하게 해 주는 큰 그림을 담은 이야기를 들려줍니다.[*] 그리고 이 이야기는 우리가 경험하는 모든 불의를 통찰력 있는 눈으로 바라보게 해 줍니다.

이 이야기는 좋은(실제로는 상당히 놀라운) 세계를 창조하시는 하나님에게서 시작됩니다. 그분은 인간을 창조하시고 그들에게 놀라운 지위를 주십니다. 또한 관대한 성품으로 인간에게 궁극의 자유를 주십니다. 그분을 신뢰하고 경외하며 살 것인지, 아니면 그분의 주권을 부인하고 자기중심적인 삶을 살 것인지 선택할 자유를 주신 것입니다. 최초의 인간은 창조주가 믿을 만하지 않다는 거짓말을 믿었습니다. 그분의 주 되심과 공급하심, 그분의 약속을 믿지 않

---

[*] 성경은 종종 우리가 어떻게 살아야 할지에 대한 일련의 규율이나 지침, 영적 통찰을 담은 책으로 간주됩니다. 물론 성경은 이런 요소들을 담고 있다고 볼 수 있지만, 본질적으로는 하나님과 그분의 나라, 그분의 백성, 그분의 아들 예수를 통한 회복 계획에 대한 좋은 소식을 담은 것입니다. 성경의 모든 요소는 이 이야기에 비추어 읽어야 하고, 이 이야기의 둘레 안에서만 의미를 지닙니다.

았습니다. 그리하여 그들은 자기들이 직접 하나님이 되기로 작정했고, 이 결정은 역사 전체를 크게 바꾸어 놓았습니다.

성경은 하나님의 선하심을 배척하는 것과 그분의 주권에 반역하는 것을 '죄'라고 부릅니다. 그리고 이 죄가 모든 것을 오염시켰습니다. 죄로 말미암아 하나님과 그분의 백성 사이의 관계가 손상되었습니다. 사람들 사이의 관계가 손상되었습니다. 인간과 창조 세계 사이의 관계가 손상되었습니다. 성경은 창조 세계가 죄에서 비롯된 왜곡과 손상 아래서 신음하고 있다고 말합니다.

창조 세계는 본질적으로 여전히 좋은 것이지만, 죄가 창조 세계의 모든 요소에 균열을 초래해서 불의가 세상에 들어왔습니다. 불행하게도 죄에서 생긴 이 불의는 대낮에도 자주 그 추악한 머리를 쳐듭니다.

죄가 미치는 영향이 너무나 깊고 폭넓어서 사람들은 이 세상과 삶을 우울한 관점으로 바라봅니다. 그러나 희망이 있습니다. 다음 장에서 우리는 손상된 창조 세계를 회복하고, 모든 불의를 다루어 그분의 백성을 돌아오게 하려는 하나님의 계획에 대해서 알아보겠습니다.

> " 창조 세계는 본질적으로 여전히 좋은 것이지만,
> 죄가 창조 세계의 모든 요소에 균열을 초래해서
> 불의가 세상에 들어왔습니다. "

불의가 세상 만물에 그림자를 드리운 모습은 참으로 음침합니다. 성경은 특히 죄가 사람을 괴롭히는 모습에 초점을 맞춥니다. 죄로 말미암아 깨어졌다는 것은 우리가 하나님의 형상으로 창조된 원래 모습으로 온전히 살 수 없다는 뜻입니다. 아무리 정의롭게 살고자 노력하고 균열에 좌우되지 않으려 해도 우리는 줄곧 실패합니다. 선한 일을 할 때조차도 그 가장자리에는 이기적인 동기가 슬그머니 올라타 있습니다. 가끔은 순수한 동기로 선의를 베풀기도 하지만, 어쩔 수 없는 우리의 단점 때문에 불의가 드러납니다. 죄가 모든 것을, 특히 우리를 오염시켰습니다. 한 성경 저자가 "나는 내가 하는 일을 도무지 알 수가 없습니다. 내가 해야겠다고 생각하는 일은 하지 않고, 도리어 해서는 안 되겠다고 생각하는 일을 하고 있으니 말입니다."(롬 7:15, 표준새번역 성경)라고 말한 것처럼 말입니다.

'악惡'은 개별적인 죄의 집합이 아니라 모든 죄가 미치는 결과의 총합입니다. 악은 창조 세계 전체에 얽히고설킨 역기능과 무질서, 불만족, 거짓의 그물망과 같습니다. 이런 그물망은 사람을 하나님에게서 멀어지게 할 뿐 아니라 세상에 있는 많은 불의의 근원이 되기도 합니다. 사람들은 계속 죄를 짓고, 그 죄는 그들이 속한 문화와 공동체, 가족과 친구 관계에 얽힌 그물망을 악하고 불의하게 만듭니다. 때로는 사람들의 죄가 그들의 삶을 통제하고 그들을 이 끈끈한 그물망에 걸리게 해서 그들의 존재 전체를 움직이기도 합니다.

세계적인 작가 G. K. 체스터턴은 한 언론사의 지면 인터뷰에서 "오늘날의 세상은 무엇이 잘못되었는가?"라는 질문을 받은 적이 있습니다. 그의 촌철살인 같은 답변은 이랬습니다.

친애하는 기자에게

바로 나요.

체스터턴으로부터

5

정의는 다시 살아날 수 있는가?

이런 생각,
해 본 적 있나요?

- 정의가 완전히 실현되는 날이 올까?
- 인간이 선의의 노력을 하는데도 불의가 그것을 오염시킬 수 있는 가?
- 나는 인류 역사 전체에 흐르고 있는 낙관주의를 의식하는가?
- 나는 새롭게 되고픈 갈망을 품고 있는가?
- 나는 세상에 선^善이 존재하지만 충분치 않다고 느낀 적이 있는가?
- 나는 순수한 정의와 평화, 사랑이 가득한 세계를 상상할 수 있는 가? 그런 세계를 기뻐할 수 있는가?
- 나는 그런 세계를 만들고자 일할 용기가 있는가?

"너희는 세상에서 환난을 당할 것이다.
 그러나 용기를 내어라. 내가 세상을 이겼다."

_나사렛 예수 메시아

앞장에서 언급한, 세상에 뻗친 불의의 영향력을 생각하면 우울합니다. 하지만 좋은 소식이 있습니다!

최초의 인간이 창조주에게서 독립하려고 부당하고 이기적인 행동을 취했고, 그러자 악이 세상으로 들어왔습니다. 이후 인간은 자기중심적이고, 반反권위적이며, 현명하지 못한 방식으로 살게 되었습니다. 우리 모두 그렇습니다. 이를 피할 방도는 없습니다. 그리고 이런 인간의 성향은 불의가 인간의 모든 노력을 무용지물로 만들도록 했습니다.

그러나……

좋은 소식이 있습니다. 이 모든 안 좋은 뉴스를 보신 창조주 하나님이 놀라시지 않았다는 것입니다. 그분에게는 불의와 악과 죄를 다룰 계획이 있었습니다. 그 계획은 선한 창조 세계에 잠식되어 있는 모든 왜곡과 균열을 바로잡고, 모든 깨어진 관계와 더럽혀진 인간의 노력을 구속救贖하는 것이었습니다.

하나님이 다루시는 인류의 역사 전체에는 만물이 새롭게 되고 회복되리라는 약속의 실이 엮여 있습니다. 이 약속은 먼저는 하나님이 선택하신 나라를 통해 이뤄지고, 나중에는 모든 나라 가운데 그분을 위해 사는 사람들에게로 확장되도록 짜여 있습니다. 이 약속의 가장 놀라운 점은, 모든 죄와 악과 불의를 일으킨 인간이 회복의 초점에 놓여 있다는 것입니다.

하나님은 그분의 계획을 펼치시기 위해 인간이 되어 창조 세계에 들어오셨습니다. 하나님이 친히 인간의 몸을 입고 예수님이 되어 창조 세계에 들어오신 것입니다. 그리고 완전하고 죄 없는 삶, 곧 인간이 어쩔 수 없이 빠져 있는 악과 불의의 그물망에 조금도 영향을 받지 않는 삶을 사셨습니다. 이것이 우주 역사의 중심입니다. 예수님

> " 하나님이 다루시는 인류의 역사 전체에는
> 만물이 새롭게 되고 회복되리라는
> 약속의 실이 엮여 있습니다. "

은 자신의 사명이 '살고, 죽고, 다시 사는 것이며, 그것이 만물을 회복시킬 장대한 계획의 출발점'이라고 겸손하게 말씀하셨습니다. 이는 하나님과 그분의 백성 간의 깨어진 관계를 회복하는 일도 포함합니다.

방금 내가 말한 것이 어느 정도는 '종교적'이고 믿기 힘든 이야기로 들릴 수 있습니다. 그러나 나는 여러분에게 이렇게 도전합니다. "물고기처럼 되지 마십시오. 여러분과 여러분이 속해 있는 문화 밖에 어떤 관점과 이해의 틀이 있는지 기꺼이 탐구해 보십시오."

어쩌면 독자 중에는 이른바 '그리스도인'으로서의 정체성을 갖고 있지는 않지만 개인적으로 내가 말하는 회복을 경험하고 싶다고 느끼는 사람이 있을지도 모릅니다. 만일 그렇다면 지금 바로 마지막 장으로 가서 하나님의 은혜와 용서에 대해 읽고 새롭게 되는 길을 배우길 권합니다.

자, 이제 모든 것을 고치고자 하시는 하나님의 큰 계획을 살펴보겠습니다.

예수님은 돌아가시기 몇 년 전에 군중 앞에서 하나님과 그분의 계획에 대해 말씀하셨습니다. 예수님이 말씀하신 메시지의 주요 주제 중 하나는, 하나님이 새로운 사물의 질서를 선도하신다는 것이었습니다. 그분은 그것을 "다가오는 하나님 나라"라고 부르셨습니다. 이는 하나님이 영화롭게 되시고 창조 세계의 중심(인간들)이 죄와 악이 없는 상태에서 하나님을 위해 전심으로 사는, 본래의 완전한 질서를 회복하는 것을 말합니다.

예수님은 그 나라에 대해 말씀하셨을 뿐 아니라 직접 질병과 장애를 고치시고 공동체 안에 있는 불의에 도전하심으로써 그 모습을 짧게 보여 주셨습니다. 당시 예수님의 가르침을 경청한 성경 저자들의 말에 따르면, 이 새로운 나라는 예수님 안에서 그 모습을 찾을 수 있기는 하지만, 그분이 다시 오실 때까지는 완전히 실현되지 않을 것이라고 합니다. 여기까지 읽은 여러분은 "그건 이상하다. 그렇다면 그때까지는 무슨 일이 일어나는가?" 하고 의문을 제기할 수 있습니다.

만일 예수님을 따르고 그분의 회복에 대한 계획을 인정

한다면 그 사실에 감동 받아서 주변 사람들에게 무엇이 가능한지, 무엇이 다가오고 있는지에 대한 좋은 소식을 알리지 않을 수 없을 것입니다. 그것은 불의와 악이 완전히, 그리고 근본적으로 다뤄질 것이라는 진정 위대한 소식입니다. 완벽하게 정의로운 세계, 즉 부정부패가 없고 거짓이 없고 괴롭힘이 없고 재난이 없고 고통이 없고 죽음이 없고, 불길한 날이 없는 세계에 대한 이야기입니다.

이제 여러분은 이렇게 물을지도 모르겠습니다. "만일 이 새로운 나라가 예수와 함께 시작되었다면, 그 나라는 왜 지금 여기에 있지 않은가?" 어떤 의미에서 그 나라는 지금 여기에 있습니다. 하지만 완전히 실현되지는 않았습니다. 예수님이 약속하셨듯이 그분이 다시 돌아오실 때까지는 그렇습니다. 예수님이 치유와 도우심으로 그 나라를 얼핏 보여 주신 것처럼 그리스도인이 다른 사람에게 그 나라의 좋은 소식을 알릴 때, 우리는 그 나라의 모습을 봅니다. 사람들은 그들의 문화가 왜곡된 인생관에 속해 있다는 것을 알게 되면 성경 이야기에 나오는 좋은 소식에 매료됩니다. 마음과 생각이 새롭게 되는 것, 이것이 그 나라의 분명한 표출이고, 그 나라가 성장하는 모습입니다. 이것은 그리스도인의 수가 많아진다는 것을 뜻하지 않습니다. 사람들의 마음과 생각이 변화되고, 그 변화가 다른 사람들과 공동체로 흘러 들어가 확장되는 것을 가리킵니다.

그것이 회복의 나라입니다. 이 나라는 먼저 사람들의 마음속에 있고, 나중에는 불의와 악이 있는 곳으로 흘러갑니다. 이런 회복이 이미 분명히 나타나고 있습니다. 기독교가 서양 문화에 미친 심대한 영향에 대해서는 이미 그리스도인 역사가들과 비그리스도인 역사가들이 폭넓게 다루어 왔습니다. 우리가 현재 소중히 여기고 우리 문화에 단단히 세우고 싶은 많은 것은 예수님이 앞서 보여 주신 회복의 나라가 지속적으로 확장되면서 생긴 결과입니다.

이제 이번 장의 질문으로 되돌아가겠습니다. "언제 정의가 다시 살아날 것인가? 그러기 위해 내가 할 일은 무엇인가?" 완전한 정의는 한 인격의 모습으로, 곧 예수로서 세상에 들어왔습니다. 깨져 버린 인간의 정의는, 그것이 아무리 최고봉에 오른 것이라 할지라도 부패의 균열로 오염을 피하지 못했습니다. 겸허하고 이타적이며 순전하고 변혁적인 정의는 지금 여기에, 하나님 나라를 기뻐하고 확장하는 곳에 있습니다.

순전한 정의와 평화, 사랑이 가득한 나라를 기뻐하고 있나요? 마음과 생각이 회복되면 우리는 세상의 불의와 억압, 부패에 대항하고 공정함과 인권, 공평함과 선을 위해 싸우게 될 것입니다.

내가 강연을 통해 만난 청년들 중에는 정의를 향한 열정은 있으나 그들의 믿음과 사회적 행동주의가 양립할 수 없다는 생각으로 고민하는 이들이 있었습니다. 그러나 이 둘은 확실히 양립할 수 있습니다! 그들이 망설이는 이유 중 하나는 사회 정의를 추구하는 일이 지나치게 급진적이어서 전통과 안정을 해친다고 생각하는 데 있습니다. 이는 오늘날 문화가 만들어 낸 거짓말 중 하나입니다.

그리스도인은 예수님이 그들 개개인에게 회복을 가져오셨다고 믿습니다. 뿐만 아니라 모든 균열 위에 회복의 좋은 소식을 비추는 일, 곧 하나님 나라가 확장되는 일에 손과 발이 될 수 있다고 믿습니다. 그 나라는 가난한 자와

> " 그 나라는 가난한 자와 억압받는 자,
> 소외된 자, 불의에 시달리는 자를 위해 싸우는 나라입니다.
> 하나님의 왕권을 확장하기 위해 종들이 그 나라를 설계하고,
> 가르치고, 이끌고, 건설하고, 글을 쓰고, 섬기고,
> 자녀를 양육하는 나라입니다.
> "

억압받는 자, 소외된 자, 불의에 시달리는 자를 위해 싸우는 나라입니다. 하나님의 왕권을 확장하기 위해 종들이 그 나라를 설계하고, 가르치고, 이끌고, 건설하고, 글을 쓰고, 섬기고, 자녀를 양육하는 나라입니다.

우리는 정의와 화해를 위해 싸울 잠재력이 있을 뿐 아니라 반드시 싸워야 합니다. '공정함과 사회 정의' 대 '신실한 기독교'는 양자택일의 문제가 아닙니다. 이 둘은 서로 손잡고 나아가야 합니다!

하나님 나라에 속한 정의는 순전하고 흠이 없습니다. 이는 그 정의가 언제나 세상과 사회, 관계, 정의에 대해 하나님이 설계하신 것과 일치하는 방식으로 펼쳐진다는 뜻입니다. 하나님 나라에서는 삶과 문화의 모든 이슈를 성경적 세계관의 렌즈로 보게 됩니다.

이런 식으로 정의에 접근하려면 용기가 필요합니다.

인권과 공정함을 위해 싸우다 보면 때때로 개인의 권리를 하나님의 계획보다 우선시할 수 있습니다. 때로는 다른 세계관과 인간관의 렌즈로 정의를 볼 수도 있습니다. 이는 의도가 아무리 좋아도 하나님이 설계하시지 않은 출발점, 또는 하나님의 창조나 왕권을 인정하지 않는 출발점에서 나온 것일 수 있습니다.

악을 정복하는 일은 하나님의 역할입니다. 우리는 하나님이 이루시는 정의와 자비를 지지하는 일에 참여할 수 있습니다. 그것은 세상의 불의와 삶의 큰 이슈 속으로 들어가 그분의 일을 행하는 것입니다.

PART 3

우리를 둘러싼 세상에 대한 새로운 생각
Some Big Issues

일

이런 생각,
해 본 적 있나요?

- 내가 일하는 목적은 무엇인가?

- 일은 꼭 무언가를 성취해야만 하는 것인가?

- 일은 '식탁에 음식을 올려놓는 것' 이상의 활동인가?

- 일이 스트레스를 주거나 지겨울 때는 어떻게 하는가?

- 내가 장차 무슨 일을 할지 어떻게 결정할 것인가?

- 나는 일에 대한 의사결정을 내릴 때 어떤 질문을 던지는가?

- 내가 무슨 일을 선택하는지가 중요한가, 아니면 나보다 더 큰 무언가에 기여할 수 있는 기회를 얻는 것이 중요한가?

"유전자를 접합하든, 뇌수술을 하든,
쓰레기를 수거하든, 그림을 그리든 우리 일은 모두
세상의 구조를 개발하거나 유지하거나 수리하는 것이다."

_팀 켈러 목회자이자 작가

어린 시절에 본 TV 광고가 생각납니다. 한 젊은이가 트럭 뒤쪽으로 공구 상자를 던지면서 이렇게 외칩니다. "나는 일하기 위해 살지 않고 살기 위해 일한다!" 그 시절 내가 속한 가정과 사회(내 세계의 물)에서는 일은 기본적으로 '식탁 위에 음식을 올려놓기 위한 수단'이라고 가르쳤습니다. 사람들은 조기 퇴직을 꿈꿨고, 복권은 힘든 일을 하지 않아도 된다는 보증 수표였습니다. 예외가 있다면 이런 낮은 노동관이 적용되지 않는, 지위가 높은 전문 직업군 정도였습니다. 이런 경우 '경력'의 개념은 자기 성취의 수단과 본인이 사회 계층 어디에 들어맞는지를 규정해 주는 잣대가 되었습니다.

그러나 그보다 더 풍부하고 보람 있는 노동관을 알게 되었습니다. 이는 모든 형태의 일에 적용되는 관점입니다. 성경의 렌즈로 일의 목적을 조망하면, 일에는 엄청난 성취를 얻을 수 있는 잠재성이 넘칩니다. 창의력을 펼칠 수 있는 기회로 충만하고, 타인의 삶에 기여할 뿐 아니라 우리 자신보다 더 큰 무언가에 참여할 기회가 가득합니다.

소명의 개념을 정의하는 방식 중 하나는 '부르심'에 대해 생각하는 것입니다. 성경은 인간에게 소명이 있다고 말합니다. 우리는 인간으로서의 과업을 수행하도록 하나님의 부르심을 받았습니다. 우리는 창조 세계를 돌보라는 소명을 받았습니다. 여기서 말하는 창조 세계는 3장에서 언급한, 하나님이 창조하신 피조물 전체, 즉 물리적 창조물과 그 속에 있는 모든 문화적 잠재성을 포함합니다.

여기까지 읽은 여러분은 이렇게 말할지도 모릅니다. "그런데 당신이 말하는 '일'은 무엇을 지칭하는가? 유급 노동 이상의 일을 말하는 것처럼 들린다." 맞습니다! 이웃집 노인의 집안 청소를 돕는 일, 선거 캠프의 자원봉사자가 되어 팸플릿을 나눠 주는 일, 자녀를 양육하는 일,

40시간 금식 운동에 참여하는 일, 시를 쓰는 일, 우리 동네 유소년 축구 팀을 감독하는 일, 회계사로서 이웃 주민의 재정을 상담해 주는 일 등 모든 것이 더 큰 그림에 기여하는 모든 형태의 일입니다. 이런 일은 여러분에게서 흘러나와 더 넓은 공동체(때로는 지구촌으로)로 흘러들어 갑니다. 유급 노동은 우리에게 역할을 정해 주지만, 이는 우리가 소명에 임하는 하나의 방식일 뿐입니다.

이런 식으로 일을 생각하면, 즉 일을 모든 인간 활동으로 확대해서 자기 정체성보다 하나님의 영광과 더 관련된 것으로 보면, 일을 좋은 활동으로 보는 것이 기독교 특유의 방식임을 알게 될 것입니다. 일은 징벌이나 '필요악'이 아닙니다. 애초에 하나님이 만드신 완전한 설계도에는 인간이 일을 하고, 실제로 일을 통해 번성하도록 되어 있었습니다. 성경은 인간에게 '동산'을 가꾸는 역할, 즉 동산을 경작하고 돌보는 일이 주어졌다고 말합니다. 일은 좋은 것입니다.

따라서 "일하기 위해 산다."는 말도 일리가 있습니다. 일은 영예롭고 보람차고 선한 활동입니다.

성경은 일을 계층으로 나누지 않습니다. 암 연구에 종

" 암 연구에 종사하든, 도랑을 파든,
기저귀를 갈든, 설교 노트를 쓰든 간에
모든 일은 존엄합니다. **"**

사하든, 도랑을 파든, 기저귀를 갈든, 설교 노트를 쓰든 간에 모든 일은 존엄합니다. 고대 그리스 철학의 영향을 받은 서구 문화권에서는 이렇게 생각하는 데 어려움을 겪었습니다. 플라톤과 그의 동료들은 정신적인 일은 고상한 반면, 육체적인 일은 비천하다고 주장했습니다. 서양 문화에 익숙한 우리 또한 이런 사고방식에 젖어서 처음 만나는 사람에게 이렇게 묻곤 합니다. "무슨 일을 하세요?" 이런 질문은 종종 기여도와 중요성, 가치에 따라 계층을 나누려는 마음에서 나옵니다(사회적 다윈주의 관점을 보세요). 그리고 이런 관점은 우리 문화의 일부를 이루고 있으며, 나 역시 분명히 그 영향을 받았습니다.

좋은 설계가 왜곡되다

혹시 끔찍한 아르바이트를 해 본 적이 있나요? 아니면

지금 하고 있는 중인가요? 대학 시절 내가 했던 최악의 일은 나뭇가지를 쌓아 놓는 것이었습니다. 차를 타고 어느 농장에 일하러 갔는데, 그곳은 최근에 개간한 아주 드넓은 들판이었습니다. 나를 고용한 농부가 뿌리를 캐는 갈퀴를 단 트랙터로 개간된 땅을 훑고 지나가면, 나는 개간지에 있어서는 안 될 뿌리를 뽑아서 한곳에 쌓아 놓고 불로 태웠습니다. 여러 달에 걸쳐 수요일마다 여덟 시간씩 그 일을 했는데, 내가 앞에 쓴 일에 대한 모든 내용이 조금은 이상주의적이란 생각이 들 정도로 힘든 일이었습니다!

모든 일에 보상과 보람이 따르는 것은 아닙니다. 그 일이 더 큰 일에 기여한다고 보기 어려울 수도 있습니다. 세계 전역의 많은 아동이 비인격적이고 하찮은 노동에 종사합니다. 점차 커지는 소비주의적 세계관은 인신매매를 성행하게 하고 여성의 성노예 문화를 퍼뜨립니다. 개발도상국에서는 수많은 노동자가 최저 임금을 받으려고 작업대 앞에서 로봇처럼 일합니다. 일부 사람은 열심히 일해서 겨우 생계를 유지할 뿐입니다. 이런 예들이 다소 극단적으로 들린다면 주변을 보세요. 우리는 평범한 과업과 직업에 종사하면서도 무익하다는 느낌과 욕구불만에 시달립니다. 학

> " 만일 하나님이 모든 일을 좋은 것으로만 설계하셨다면,
> 왜 그토록 많은 몸부림과 죄책감,
> 두려움, 욕구 불만, 무거운 고역이 수반되는 걸까요? "

교 수업이나 아르바이트, 취미 활동 등에서 이런 느낌을 받은 적이 있나요?

　만일 하나님이 모든 일을 좋은 것으로만 설계하셨다면, 왜 그토록 많은 몸부림과 죄책감, 두려움, 욕구 불만, 무거운 고역이 수반되는 걸까요? 최초의 인간이 하나님을 반역하고 그분에게서 벗어나려고 했을 때, 하나님은 그들이 완전한 동산에서 왜곡과 부패가 가득한 세상으로 쫓겨날 것이라고 말씀하셨습니다. 일은 하나님의 설계상 여전히 좋은 것이지만, 세상에 가득한 부패는 우리가 행하는 모든 일에 그림자를 드리웁니다. 교회 주일학교를 위한 섬김, 유소년 축구 팀을 위한 봉사, 편의점 아르바이트, 자녀 양육, 치과 의사로서의 일, 취미용 기타 연주 등은 모두 좋은 일이지만, 그 모든 일에는 좌절과 고역이 수반되기 마련입니다. 타인의 인정과 안정, 구원받았다는 느낌을 위해 일을 이용하는 경우 우상 숭배의 위험이 있습니다.

여러분은 부모님이 직장 문제로 고민하거나 교회나 시민단체에서 좌절하는 모습을 본 적이 있을 것입니다. 그리고 TV에서 일을 어떤 목적의 수단에 불과한 모습으로 취급하는 장면을 시청하고, 학교에서 교사가 욕구불만과 고역에 시달리는 모습을 목격한 적이 있을 것입니다. 이런 경험에 비추어 볼 때 일에 대해 어떤 생각이 드나요? 혹시 이런 식으로 생각한 적은 없나요? '일이 항상 좌절을 낳는 것이라면, 그리고 자기 성취와 자존감을 위한 것이라면, 가능한 한 최고의 수입과 지위를 보장하는 직업을 택하는 게 좋겠다.' 또는 이런 식으로 생각한 적이 있을지도 모르겠습니다. '일은 내게 너무 버거워. 나는 이런 경쟁에서 절대 성공할 수 없을 거야. 그러니 지금이라도 포기하는 게 낫겠어.'

어쩌면 여러분은 이미 일에 대해 풍부한 관점을 갖고 있을지도 모르겠습니다. 가정이나 학교에서 강하고 희망찬 메시지, 즉 성경이 말하는 관점을 배웠을 수 있습니다. 그래서 일하면서 다른 사람을 섬기고 공동체에 기여할 기회를 내다보며 가슴이 벅차오르는 것을 느낄 수 있습니다. 일의 회복을 믿으면서 말입니다.

일이 회복되다

하나님이 인간의 모습으로 창조 세계에 들어오신 역사의 중심점은 창조 세계의 모든 분야에 변화를 가져왔습니다. 모든 것이 오염되었으나 이제는 모든 것이 회복되고 변화될 수 있습니다. 물론 거기에는 일도 포함됩니다. 좋은 소식은 우리와 창조주의 관계가 예수를 통해 완전히 회복될 것이며, 일을 포함한 문화적 활동도 회복의 렌즈로 볼 수 있게 되었다는 것입니다.

세상은 분명 왜곡되고 손상되었지만 하나님은 우리가 참여할 수 있는 회복 계획을 갖고 계십니다. 우리는 모든 것을 회복하기 위한 프로젝트, 즉 하나님의 회복 프로젝트에 잠재적으로 참여하고 있다는 생각으로 우리가 인간으로서 '하는' 그 일을 할 수 있습니다.

일에 대한 성경적 관점은 참으로 폭넓습니다. 이 관점은 희망이 가득하고, 목적이 충만하며, 하나님의 선으로 가득 차서 타락에 따른 일의 고단함에도 불구하고 지속적이고 탄력적으로 일할 수 있게 해 줍니다. 여러분은 어떤 렌즈로 '일'을 바라보나요? 성경에서 말하는 일이 여러분의 관점에 영향을 주고 있나요?

장차 무슨 일을 하게 될지 어떻게 알 수 있을까?

혹시 앞으로 무슨 일(유급 업무, 경력)을 할지 고민하는 중인가요? 어떤 일을 선택하든 우리는 그 일에 완전히 정착했다고 느끼지 못할 수 있습니다. 오늘날 직장에 들어가는 사람들은 평생 다섯 개의 직업을 갖게 된다고 합니다. 내가 젊었을 때는 직업을 한 차례 바꾸는 것도 대단한 일이었고, 때로는 사치스런 것으로 여겨지곤 했습니다.

물론 직업을 바꾸지 않는다 해도 가끔은 '다른 일을 하는 건 어떨까?' 하고 생각할 수 있습니다. 최근에 나는 검안사가 되면 어떨까 하는 공상을 한 적이 있습니다(나는 애초에 강을 연구하는 과학을 전공했으나 단 하루도 강에서 일한 적이 없고, 검안사 역시 졸업 이후 가볍게 품었던 많은 생각 중 하나일 뿐입니다).

직업과 관련해 어떤 방향으로 나아가는지는 그리 중요하지 않습니다. 중요한 것은 그 방향을 정할 때 하는 질문입니다. 사회는 종종 우리가 이런 질문을 던지게 합니

다. "내 학벌로 최대한의 수입을 보장받고 부동산과 사회
적 지위, 안정을 최대한 확보할 수 있는 직업은 무엇인가?"
사람들은 이렇게까지 노골적이고 이기적인 질문을 하지는
않을 것 같습니다. 내용은 이와 동일하되 겉보기에는 좀
더 그럴 듯해 보이는 질문을 던지는 방법이 있습니다. "적
정한 중산층 수입과 안정적이고 편안한 삶을 영위할 수
있으면서 스트레스는 적은 직업은 무엇인가?" 여러 면에
서 이 질문은 앞선 질문과 그리 다르지 않습니다.

성경적 세계관이 주는 큰 자유 중 하나는 우리가 행하
는 모든 일의 방향과 결과를 우리 자신에게서 타인에게 돌
릴 수 있다는 것입니다. 이는 우리가 일과 관련하여 무엇
을 할지 생각할 때도 마찬가지입니다. 예수님이 이미 우리
를 대신하여 모든 것을 이루셨기 때문에 우리는 자유를 누
릴 수 있습니다. 그분은 우리에게 '성공하지' 못할 두려움
에서 벗어날 자유를 선사하셨습니다. 그 결과 우리는 이

제 이렇게 물을 수 있습니다.

"어떻게 해야 하나님의 위대한 계획 안에서 내 재능과 기술, 기회를 펼쳐 그분과 동역하면서 다른 사람과 그분을 잘 섬길 수 있을까?"

결론

우리는 유급 노동을 포함해 장차 '수행하게' 될 모든 일에서 더 큰 비전에 기여할 수 있습니다. 이는 타인의 삶을 통해, 하나님의 창조 세계를 즐기고 개발하는 일을 통해 일어납니다. 분명히 때로는 힘들고 낙담할 것입니다. 하지만 큰 틀 안에서 일을 이해한다면 그 안에서 참고 견딜 수 있는 힘을 얻을 수 있습니다. 또 하나님의 선하심과 은혜를 통해 그 비전이 이뤄질 수 있다고 낙관할 수 있습니다.

일에 대해 진작 알았더라면
좋았을 것들

–

일은 좋은 것이다. 모든 형태의 일을 좋게 보는 것이 기독교 특유의 관점입니다. 일이란 우리가 어쩔 수 없이 해치워야 하는 것이 아닙니다. 일은 본래 좋은 것으로 설계되었습니다.

–

일은 좋은 것이되 궁극적인 것은 아니다. 일을 삶의 최고 자리에 올려놓으면 일에서는 더 이상의 성취감을 얻지 못하게 됩니다. 일을 우상화하면 일에 중독되고, 결국 일은 고역이 됩니다.

–

인간은 무언가를 하게끔 창조되었다. 하나님은 인간을 행위자로 설계하고 부르셨습니다. 따라서 인간은 상호 작용을 하고, 개발하고, 혁신하고, 조직하고, 창조하는 존재입니다.

–

하나님이 일하시니 우리도 일한다. 하나님은 우주를 창조하고 지탱하기 위해 계속 일하십니다. 일은 우리가 그분의 형상으로 지음 받았음을 드러내는 하나의 방식입니다.

–

모든 일은 동등하다. "당신은 무슨 일을 합니까?"라는 질문이 결코 남을 판단하는 잣대가 되어서는 안 됩니다. 사회가 제대로 작동하려면 많은 형태의 일과 활동이 필요합니다. 성경적 세계관은 기여도에 따라 일의 가치를 계층화하는 것을 허용하지 않습니다.

–

일에는 균열이 있다. 일은 좋은 것으로 설계되었으나 지금 사람들은 왜곡과 좌절에 시달리고 있습니다. 창조 세계에 들어온 균열은 일을 포함해 모든 것에 영향을 끼칩니다. 일은 좋은 것이지만, 그 안에는 갈등도 있습니다.

–

일은 회복될 수 있다. 하나님이 예수가 되어 창조 세계에 들어오셨습니다. 그리고 이 일은 모든 회복의 시작입니다. 거기에는 일도 포함됩니다. 그분은 우리도 그 작업에 합류하라고 초대하십니다.

–

일은 회복되는 중이다. 만물을 회복시키려는 하나님의 큰 프로젝트에 참여하면 일은 섬김과 자기희생이 됩니다. 자신보다 큰 비전에 대한 헌신이 됩니다. 그리하여 일에 희망과 의미와 목적이 가득해집니다.

7

테크놀로지

이런 생각,
해 본 적 있나요?

- 나는 디지털 문화에 얼마나 스며들어 있는가?

- 사람들과 늘 연결되어 있고 최신형 기술을 따라잡는 일이 내게
  얼마나 중요한가?

- 디지털 기술이 나에게 정말로 도움이 되었는가?

- 온라인 친구가 많으면 실생활에서 사람들과 연결된 느낌이 줄어
  드는가?

- 소셜 네트워크에 연결되지 않아서 불안한 적이 있는가?

- 디지털 문화는 내가 원하는 사람이 되는 데 항상 도움이 되는가?
  때로는 그 문화가 방해가 될 때도 있는가?

"테크놀로지는 유능한 하인인 동시에 위험한 주인이다."

_크리스티안 랑에 국제평화운동가

이번 장의 내용은 약간 생뚱맞아 보일 수도 있습니다. 테크놀로지가 정말 일과 섹스, 행복 등과 같은 선상에 놓일 정도로 중요한 이슈일까요? 누군가는 "그것은 우리가 삶을 영위하고 더 큰 이슈들을 다룰 때 이용하는 도구에 불과하지 않은가?" 하고 질문할 수도 있습니다. 그에 대한 답은 그렇기도 하고, 그렇지 않기도 하다는 것입니다.

한 사회가 수용하는 테크놀로지는 우리를 빚는 문화적 스토리텔링(우리가 헤엄치는 물)의 일부를 이룹니다. 최근의 디지털 기술, 특히 소셜 네트워크를 고려하면 더욱 그렇습니다.

디지털 기술은 우리가 숨 쉬는 공기의 일부가 되었습니다. 우리는 이런 테크놀로지를 일상생활뿐 아니라 의사소통과 생각, 느낌, 대인관계의 구조 속에 엮어 넣고 있습니다. 또한 이런 테크놀로지는 우리의 인생관 정립에 영향을 미칩니다. 예컨대 일부 사회학자는 이미 많은 10대가 현재 그들의 감정과 생각을 문자로 전송함으로써 이런 현상을 증명해 준다고 주장합니다. 또 어떤 신경과학 연구자들은 스마트폰이 우리 두뇌를 확장시킨다고 말합니다.

이런 이유로 이번 장을 이 책에 넣었습니다. 역사상 다음 세대가 테크놀로지를 오늘날처럼 열정적이고 전적으로 수용한 적이 없습니다. 테크놀로지가 우리 삶에 어떤 방식으로 어떻게 영향을 미치는지 돌아보고, 그것이 우리 삶에 얼마나 깊숙이 들어오게 할지를 결정할 최고의 타이밍은 바로 지금입니다.

테크놀로지는 우리 삶에 다방면으로 영향을 미칩니다. 성경의 렌즈로 테크놀로지를 고찰하기 전에 먼저 다음 네 가지 사항을 탐구해 보겠습니다.

포모증후군 FOMO Syndrome[*]

한때 정보를 가장 빨리 전달하는 방법은 사람과 말, 증기 열차 등을 통해 전달하는 것이었습니다. 그러나 전보가 발명되면서 정보를 더 빨리, 더 많은 곳으로 보낼 수 있게 되었습니다. 이 새로운 테크놀로지는 정보 입수에 대한 우리의 관점을 크게 바꿔 놓았습니다. 그래서 전보가 포모증후군을 낳았다고 말하기도 합니다.

전보가 발명되기 전 사람들은 간밤에 다른 도시에서 일어난 범죄 사건을 알지 못했습니다. 그러나 전보 덕분에 사람들은 이런 중요한 뉴스를 바로 알 수 있게 되었습니다. "정보를 얻을 수 있다면 얻어야 한다.", "내가 정보를 얻지 못하면 기회를 놓치게 된다."와 같은 관념이 포모증후군의 시초가 되었습니다. 이 증후군은 오늘날처럼 소셜 미디어가 발달한 시기에 친구들과 그들의 '최근 소식'과 관련해서 더 심해지고 있습니다.

---

[*] '소외되는 것에 대한 두려움'을 뜻하는 영문 'Fear Of Missing Out'의 머리글자로 만든 용어입니다. 내가 모르는 곳에서 지금 멋지고 흥미로운 일이 일어날지도 모른다는 불안감을 말합니다.

> **"** 우리는 정보의 흐름에 잠겨 있을 뿐 아니라,
> 더 많은 수준의 '정보'를
> 갈망하게끔 길들여졌습니다.
> **"**

　역사상 지금처럼 온갖 정보를 얻을 수 있었던(또는 얻고 싶은 욕구가 컸던) 적이 없습니다. 우리는 친구들(또는 우리가 팔로우하는 이들)이 점심으로 무엇을 먹는지, 누구와 함께 있는지, 어디에 있는지, 또는 현재 어떤 감정인지 등 온갖 정보를 입수하고 있습니다.

　우리는 정보의 흐름에 잠겨 있을 뿐 아니라, 더 많은 수준의 '정보'를 갈망하게끔 길들여졌습니다. 인간은 안전하다는 느낌과 그에 따른 만족감을 추구하는 성향이 있는데, 이는 우리가 최신 정보를 얻었다고 느낄 때, 타인에게 우리의 최근 소식(우리가 무엇을 하고, 생각하고, 느끼는지)을 알려줄 때 충족됩니다.

　오해하지 말기를 바랍니다. 나는 지금 정보에 문제가 있다고 말하는 게 아닙니다. 정보를 얻는 것은 좋은 것입니다. 하지만 그것이 궁극적 가치가 되면 우상이 될 수 있고, 그렇게 되면 우리의 마음과 생각에 영향을 줄 수 있습

니다. 그 우상이 우리의 열정과 흠모, 경배의 주체가 되고 우리는 그것의 노예가 되고 맙니다.

행복한 편견

　지금부터 하려는 말은 한 번쯤 들어본 적이 있을 것입니다. 그래도 이 자리에서 또 이야기하는 것은 그만큼 중요하기 때문입니다. 페이스북과 인스타그램에 올라온 사람들의 삶은 매우 멋져 보입니다. 그런데 그들에게도 당신의 삶이 그렇게 멋져 보일 것입니다.

　우리는 누구나 자신에게 일어나는 좋은 것을 올리고 나누고 싶어 하는 성향이 있습니다. 거기에는 여러 이유가 있습니다. 그중 하나는 소셜 네트워크 기술이 이런 행습을 부추기도록 설계되었기 때문입니다. 또 하나는 깊이 알지 못하는 사람들과 소통할 때는 달달하고 재미있는 것을 나누는 게 좋기 때문입니다. 달리 말하면, 잘 알지 못하는 사람에게는 자신의 단점이나 약한 모습을 보이지 않으려 한다는 뜻입니다. 그래서 우리는 SNS에 자신이 재미있게 사는 모습과 '멋지게' 보이는 모습만 올리려고 합니다.

" 온라인상에 게시물을 올리면서
'이걸 본 친구들은 어떤 느낌이 들까?' 하고
생각한 적이 있지 않나요?
"

심리학자들은 사람들이 깊은 연대를 나누는 관계는 예전보다 줄어들고 불안의 정도는 더 높아졌다고 이야기합니다. 이는 그리 놀랄 만한 일이 아닙니다. 사람들이 다른 사람들의 재미있고, 섹시하고, 부유하고, 행복한 모습과 성공적이고, 아름답고, 멋진, '축복받은' 삶으로 가득한 SNS에 줄곧 잠겨 있는 것은 결코 사소한 일이 아닙니다.

온라인상에 게시물을 올리면서 '이걸 본 친구들은 어떤 느낌이 들까?' 하고 생각한 적이 있지 않나요? 여러분 자신에 대한 느낌을 말하는 게 아닙니다. 그 게시물에 대해 친구들이 어떻게 느낄지를 말하는 것입니다.

어쩌면 이렇게 생각할 수도 있습니다. '어떤 사람들은 때로 슬픔과 좌절감에 대한 글을 올리기도 하잖아.' 물론 그렇습니다. 하지만 이런 것들은 대부분 그들의 개인적 실패와 약점이 불러온 결과가 아니라 그들에게 일어난 통제 불능의 사건에 대한 동정이나 위로를 구하기 위한 것입니다. 이는 상황이 어려울 때 도움과 위안을 구하는 방법이 될 수 있습니다. 그러나 동정을 보내는 이모티콘과 몇 마디 위로의 댓글이 정말로 사랑하는 친구나 가족이 얼굴을 맞대고(또는 목소리를 주고받으며) 전하는 치유와 지지를 대신할 수 있을까요?

나, 나, 나

자만심 가득한 자기애를 나르시시즘^{narcissism}이라고 합니다. 디지털 문화가 나르시시즘을 탄생시켰다고 말할 수는 없습니다. 아담과 하와에게 속삭인 최초의 거짓말은 나르시시즘적 유혹을 담고 있으며, 그 이후 이 나르시시즘은 하나님 없는 인간의 삶에 계속해서 표출되어 왔습니다. 하지만 우리가 우리 삶의 구조 속에 엮어 넣은 테크놀로지 때문에 그 유혹과 성향이 어느 때보다 강해지고 있습니다. 테크놀로지는 종종 자기중심적 성격을 지니도록 설계되었고, 우리가 그런 것을 비판 없이 수용하면 할수록 나르시시즘이 정상적인 것처럼 느껴집니다.

온라인에서 자기를 홍보하는 일이 여러분에게는 어느

정도로 평범한 일이 되었나요? 솔직히 말해 그 일이 삶의 다른 영역으로 흘러들어 가지는 않았나요? 최근에 나는 인스타그램을 하면서 이런 사실을 감지한 순간이 있습니다. '행복한 편견'에 대한 게시물을 올리고, 얄팍한 자만감으로 끊임없이 '좋아요'와 댓글을 확인한 것입니다.

우리의 소셜 네트워크 테크놀로지는 나르시시즘을 끊임없이 순환시킵니다. 자기를 홍보하는 행위는 더 많은 '좋아요'와 댓글, 친구 관계를 보상으로 받습니다. 우리가 자기 홍보를 하면 또 다른 자기 홍보자들에게 연결되고, 이런 순환이 계속 확장되면 우리는 자신의 가치를 이 나르시시즘적 순환을 통해 이해하게 됩니다. 그 순환에 빠졌다는 사실을 인식하지 못한 채로 말입니다.

게시물에 '좋아요'가 많이 달렸다고 해서 자신이 더 귀한 사람이 된 것처럼 느끼지 않을 수도 있습니다. 그러나 잠재의식의 차원은 어떤가요? 자신이 올린 글에 반응하는 사람들 때문에 흥분하거나 실망한 적은 없나요?

소셜 네트워크와 같은 디지털 기술은 자기중심적 행위를 더 정상적으로 인식하고 허용하는 분위기를 조성했습니다. 여기서 우리가 생각해 볼 만한 질문 두 가지가 있습니다. "우리는 이것을 얼마나 인식하고 있는가?", "이런 문화에 젖어 있는 것이 내가 되고 싶은 사람이 되는 데 얼마나 방해가 되는가?"

연결자이자 매개자, 테크놀로지

지도 제작용 테크놀로지를 생각해 볼까요? 원주민(그리고 지도 발명 이전의 사람들)은 그들이 살던 땅에 대해 더 친밀하고 직접적인 지식과 생각을 갖고 있었습니다. 그런데 어느새 어떤 장소와 그 장소에 대한 우리의 지식 사이에 지도라는 테크놀로지가 끼어들었습니다. 하물며 GPS 테크놀로지는 얼마나 더 그럴까요! 나는 직업상 여행을 많이 하는 편인데, 낯선 도시에서는 스마트폰과 지도 어플리케이션 없이 숙소 밖을 나갈 수 없다고 고백하는 바입니다. 그렇게 되면 '길을 잃고' 말 것입니다.

지도를 언급한 이유는 우리와 세계의 어떤 양상을 담은 지식 사이에 이런 테크놀로지가 끼어 있기 때문입니다. 우리는 지도를 믿고 인정하고 받아들이며 사용합니다. 소셜 미디어와 문자 전송 같은 것이 지닌 중개적 성격은 이보다 훨씬 강합니다. 디지털 기술은 우리 삶에서 그런 역할을 점점 더 많이 수행하고 있습니다.

사람들은 전화 통화 버튼을 누르는 대신 문자 메시지 전송 버튼을 누릅니다. 테크놀로지가 완충 역할을 하기 때문에 텍스트 전송이 전화 걸기보다 쉬워 보이기는 합니다. 관계를 유지하는 데 드는 비용이 덜 들고 자신의 감정 계좌에서 감정을 더 적게 인출할 수 있다면, 이런 커뮤니케이션을 사용하지 않을 이유가 없습니다. 소셜 미디어는 자신이 모든 관계를 평준화해서 마음대로 취사선택할 수 있게 해 줍니다. 테크놀로지는 그 사이에서 관계들을 적당하게 유지해 주되 어느 하나가 너무 많은 것을 요구하지 못하도록 매개자 역할을 해 줍니다.

따라서 테크놀로지의 이런 역할은 우리를 점점 테크놀로지에 의존하게 만듭니다. 특히 인간관계의 맥락에서 그렇습니다. 덕분에 우리는 갈수록 테크놀로지와 접속된 상태에 더 의존하면서 타인과 깊은 관계를 맺을 필요가 없게 되었습니다.

한동안 디지털 기술이 없는 상황에 처한다고 상상해 보세요. 예를 들어 온라인에 일체 접속할 수 없는 캠프에 2주

동안 참여해야 한다고 합시다. 상상만으로도 불안한 느낌이 들지 않나요? (스마트폰이 없어서 생기는) 지루함과 최신 정보의 흐름에서 단절된 상태는 물론이고 사람들과 관계를 맺을 수 있는 연결용 테크놀로지가 없다고 생각하면 두려움이 생깁니다. 물론 테크놀로지 없이 인간관계를 맺는다는 것은 어려운 일입니다.

언론학 교수 존 컬킨John Culkin은 "우리는 우리가 보는 것이 된다. 우리가 도구를 만들고, 도구가 우리를 만든다."라고 말했습니다.

여러분은 디지털 도구의 영향을 얼마나 받고 있나요?

성경적 관점에서 본 테크놀로지

성경이 말하는 세계관이 테크놀로지를 반대하는 것은 아닙니다. 사실 그와 정반대입니다. 하나님은 우리에게 그분의 창조 세계에 엮인 기술적 잠재성을 탐구할 능력을 주셨습니다. 멋진 도구와 유익한 시스템을 발명하고 혁신하고 제작하는 능력은 하나님이 인간에게 주신 복의 일부입니다. 그분은 우리가 과학 기술을 주도하는 존재가 되길 원하시고, 우리를 그런 존재가 되도록 설계하시고, 그에 맞는 창조 세계를 만드셨습니다.

그러나 인간이 맨 처음 하나님을 반역했을 때 테크놀로지도 창조 세계의 모든 줄기처럼 왜곡되고 손상되었습니다. 이는 본질상 여전히 좋은 것이지만, 하나님이 설계하신 풍성한 삶에서 우리를 멀어지게 만듭니다. 그 결과 다음과 같은 현상이 나타납니다.

첫째, 이는 당연한 일인데, 테크놀로지는 발명가들이 애초에 의도하지 않았을 방식, 즉 자기중심적이고 이기적이며 권력을 장악하는 방식으로 이용될 수 있습니다. 이메일 테크놀로지는 스팸 마케팅에 이용됩니다. 3D 프린터는 금속 탐지기를 피하는 총기류를 생산하는 데 이용됩니다. 소셜 네트워크는 가상의 군중을 모아서 한 사람을 사회적으로 매장시키는 일을 부추깁니다. 핵 기술은 아인슈타인과 오펜하이머를 당혹시킬 만큼 잔인한 살상용 폭탄을 생산하는 데 이용되었습니다. 나 역시 본래 의도와 달리 이기적인 방식으로 테크놀로지를 이용한 적이 있습니다. 여러분은 어떤가요?

둘째, 테크놀로지는 우리 문화의 산물인 경우가 많습니다. 테크놀로지 설계자들은 원하든 원하지 않든 그들의 문화를 통해 빚어졌고, 그들의 인생관을 테크놀로지 안에 엮어 넣었습니다. 테크놀로지 자체에만 엮어 넣지 않고 생산 방식과 실행 방식, 마케팅 방식에도 엮어 넣었습니다. 디지털 기술의 문화는 전반적으로 사람들을 하나님이 디자인하신 풍성한 삶으로 이끌거나 '양호한 삶'을 살고자 하는 가치관에서 멀어지게 만드는 경향이 있습니다. 영향력이 미약할 수는 있으나 그렇다고 덜 중요한 문제는 아닙니다. 이미 다뤘듯이 나르시시즘과 포모증후군, 연결자와 매개자 역할을 하는 테크놀로지의 이용이 낳는 미묘한 결과를 생각해 보세요.

이제 "테크놀로지는 단순히 좋거나 나쁜 것이 아니다. 중요한 것은 내가 그것을 어떻게 사용하는가 하는 것이다."라는 말로는 충분하지 않습니다. 성경이 말하는 세계관은 우리에게 분별력이 필요하다고 말합니다. 우리는 이

> **"** 과학과 테크놀로지는
> 우리를 이 세상의 모든 문제에서 구해 줄 수 있는
> 우상으로 숭배됩니다. **"**

테크놀로지가 어떻게 우리를 타락하게 만드는지, 어떻게 우리를 하나님을 경외하지 않는 생각과 행위로 끌고 가는지 물어볼 필요가 있습니다. 우리는 "나는 인터넷에서 절대로 포르노를 보지 않겠다."(이는 고무적인 결정입니다)라고 말하는 동시에 소셜 네트워크에 푹 빠져 나르시시즘의 영향을 받을 수 있고, 다른 사람들과 '진정한 관계'를 맺기보다 온라인으로 '연결되는' 것에 중독될 수 있습니다.

셋째, 우리는 테크놀로지를 우상화할 수 있습니다. 인간은 발견하고 이해하고 정복하는 놀라운 능력을 갖고 있습니다. 인간은 그들이 살고 싶은 완벽한 세계를 창조할 능력이 있습니다. 과학과 테크놀로지는 여기서 중요한 위치를 차지합니다. 그 결과 이 세상의 모든 문제에서 우리를 구해 줄 수 있는 우상으로 숭배됩니다. 이 관점은 실로 미묘해서 우리에게 분별력이 필요합니다. 우리는 자기 자신에게 "나는 이 문화적 이야기에 얼마나 많은 영향을 받

있는가?", "나는 안정과 목적, 희망을 찾기 위해 테크놀로지에 얼마나 의존하고 있는가?"라고 질문해야 합니다.

결론

우리 모두 테크놀로지가 가져오는 풍성한 복을 누리기를 바랍니다. 테크놀로지는 좋은 것입니다. 그러나 창조 세계의 모든 영역과 마찬가지로 테크놀로지 역시 우리의 반역 때문에 오염되고 왜곡되었습니다. 그래서 우리는 분별력을 가져야 합니다. 나의 경우에는 그것이 쉽지 않습니다. 나는 테크놀로지와 전자 기기들을 좋아합니다. 테크놀로지에서 얻는 즐거움은 쉽게 잠재의식적 숭배로 변해서 나는 (얄팍한) 테크놀로지 안에서 안정을 찾곤 합니다. 여러분은 어떤가요?

테크놀로지에 대해 진작 알았더라면
좋았을 것들

–

테크놀로지는 좋은 것이다. 발명하고 혁신하는 인간의 능력은 하나님이 설계하신 인간의 모습입니다. 테크놀로지를 만드는 능력은 하나님이 주신 복입니다.

–

테크놀로지는 오염되었다. 디지털 기술은 우리가 정보의 흐름에 중독되고, 그 흐름에서 단절되면 기회를 놓칠지도 모른다는 두려움에 빠지게 만들었습니다.

–

얄팍한 지식만 얻게 될 수 있다. 정보를 얻는 것은 좋은 일이지만 디지털 기술의 효율성과 효과가 정보를 지나치게 강조하는 경향을 초래했습니다. 이는 (아이러니하게도) 진정한 앎을 감소시키는 결과를 낳았습니다. 우리는 깊이와 지혜를 포기한 대가로 얄팍한 지식을 얻고, 거기에 안주하는 경향이 있습니다.

–

테크놀로지는 행복을 위장하기도 한다. 디지털 기술은 우리가 삶의 행복하고 긍정적 측면만 보여 주고 일상적인 '현실'과 삶에 대한 투쟁을 과소평가하도록 부추기는 방식으로 설계되었습니다. 그래서 우리 삶이 다른 이들의 삶만큼 '멋지게' 또는 완벽하게 보이지 않는다는 이유로 우울해하기도 합니다.

테크놀로지는 우리를 나르시시즘에 빠지게 한다. 디지털 기술은 나르시시즘적 행위와 사고방식을 부추기도록 설계되었습니다. 따라서 자기애와 '나를 보라.'는 식의 태도가 정상적이고 당연한 것처럼 보일 수 있습니다. 이처럼 디지털 기술은 인간의 성품에 영향을 미칠 수도 있습니다.

테크놀로지의 매개자 역할 또는 연결자 역할이 인간관계를 방해할 수도 있다. 디지털 기술이 우리와 실생활 사이에서 연결자 역할을 하고 있습니다. 우리는 테크놀로지를 수용하면 할수록 자기중심적이 되고, 인간관계에 게을러지고, 깊은 인간관계를 놓치기 쉽습니다.

테크놀로지는 도구에 불과하지 않다. 만일 '테크놀로지는 도구일 뿐이고 내가 그것을 좋은 방식으로 사용하면 된다.'라고 생각한다면, 그것은 테크놀로지가 우리의 인생관과 인간관, 우리의 자아상에 미치는 영향을 지나치게 단순화하는 것입니다.

테크놀로지는 우상이 될 수 있다. 테크놀로지를 둘러싼 문화적 스토리텔링은 그것이 안정과 희망을 줄 수 있다고 약속합니다. 그러나 테크놀로지는 기껏해야 생활을 더 편리하게 만들 뿐이고, 최악의 경우에는 우리를 하나님이 설계하신 '정상적인 삶'에서 멀어지게 만듭니다. 테크놀로지는 안정과 희망을 줄 수 없습니다. 우리를 구원할 수도 없습니다.

8

성 性

이런 생각,
해 본 적 있나요?

- 성관계의 목적은 무엇인가?
- 성관계에서 만족감을 느끼게 하는 것은 무엇인가?
- 풍성한 삶을 사는 데 있어 성적인 것이 얼마나 중요하다고 생각하는가?
- 성적인 것이 세상과 자신의 삶을 보는 렌즈가 된다면 어떤 일이 일어날 것 같은가?
- 성이라는 좋은 선물을 오용하면 어떤 일이 일어나는가?

"섹스, 미국에서는 하나의 강박관념.
 세계의 다른 곳에서는 수많은 현실 중 하나."

_마를레네 디트리히 영화배우이자 가수

한 신문 기자가 딸과 함께 슈퍼마켓 주차장을 걸어갈 때 있었던 일을 글로 썼습니다. 10대 소년 두 명이 그들을 지나쳐 가면서 딸에게 휘파람을 불며 유혹했다고 합니다. 그 기자는 이 부적절함과 거북함에 대한 성찰을 자세히 풀어냈습니다. 이 이야기에서 우리를 찌르는 가시는 그 딸이 여섯 살밖에 안 되었다는 대목에 있습니다!

서양 문화가 성에 부여하는 위치와 목적, 중요성을 감안하면 우리는 긴장감이 넘치는 물에서 헤엄치고 있는 것과 같습니다. 고도로 농축된 섹스가 우리 문화의 스토리텔링 속에 녹아 있습니다. 그래서 우리는 자신의 삶과 자신이 속한 세계를 '섹스'라는 렌즈로 보지 않을 수 없게 되었습니다.

그 결과, 우리는 성적 분위기에 둔감해져 다음과 같은 일이 정상으로 보이는 지경에까지 이르렀습니다.

- 기혼자들을 대상으로 하는 온라인 데이트 회사는 "인생은 짧으니 혼외정사를 즐겨라!"라는 광고 카피로 은밀한 불륜 관계를 부추긴다.

- 슈퍼마켓 계산대에서 팔리는 한 잡지는 표지에 허리를 기준으로 위아래로 나눈 비키니 차림의 젊은 여성의 사진을 싣고 (그 잡지의 페이스북에 계정에 글을 올려) "당신은 어느 쪽을 선호하는가, 왜 그런가?"라는 질문에 답하도록 부추긴다.

- 어린이들이 즐겨 시청하고 따라 부르는 노래 "Wrecking Ball"(렉킹 볼, 미국의 대중가수 마일리 사이러스가 부른 히트곡)의 뮤직 비디오는 포르노까지는 아니어도 공공연한 성적 표현을 담고 있다.

- 영화관에서 상영되는 주류 영화들이 "잠자리를 함께 하는 친구들", "친구와 연인 사이"와 같은 문장으로 가벼운 섹스를 홍보한다.

- 전체 연령대에 공개된 온라인상에 나체, 혹은 거의 나체에 가까운 자기 모습을 공개하는 사람이 많다.

- 매일 전송하거나 수신하는 이메일 중 포르노가 첨부된 것이 무려 25억 건에 달한다.

우리는 광고와 엔터테인먼트 미디어(영화, 음악, 온라인 게임 등), 유명인사의 언행, 패션, 정치, 일상적인 유머에 고도의 방식으로 성적인 메시지가 스며들어 있는 세상에 삽니다. 그리고 이 모든 것은 우리가 세상과 우리 자신, 타인을 보는 관점에 영향을 미칩니다.

어떻게 이런 일이 벌어지게 되었을까요?

광범위한 문화적 관점은 대개 그 변화가 천천히 일어납니다. 그런데 지난 50년 동안 섹스와 성의 의미에 대한 관점이 급변했습니다. 역사학자들과 문화비평가들은 서양 세계에 일어난 이 크고 폭넓은 변화에 대해 가히 혁명적이라고 평가합니다. 그 예로 1960년대에 일어난 성혁명을 들 수 있습니다. 이 혁명은 폭력과 전복의 혁명이 아니라 평화와 꽃, 최소한의 도덕적 경계선을 지닌 자유로운 사랑의 혁명입니다. 개인주의가 불을 붙이고, 극단적 페미니즘이 연료를 공급하고, 믿을 만한 피임제의 개발이 촉진한 혁명입니다.

어떤 이들은 이렇게 말할지도 모릅니다. "그 혁명에 새로운 것은 없다. 서양 문화사에 기록된 성 도덕이 이미 그런 실례를 보여 주었다." 이는 부인할 수 없는 사실입니다. 하지만 성혁명의 결과로 선포되는 메시지는 다릅니다. 우리가 날마다 접하는 문화는 우리가 원하기만 한다면 언제든지 누구와도 섹스를 하는 데 단 하나의 경계선밖에 없다고 부추깁니다. 그 단 하나의 경계선은 상호 합의입니다. 만일 두 사람이(또는 그 이상의 사람이) 서로 매력을 느끼고, 섹스가 안전한 상태에서 행해지고, 모두 행복하다면 섹스를 못할 이유가 없는 것입니다.

이런 문화에서 나이와 성, 혼인 여부에 대한 관심은 최소화됩니다. 누군가를 만나 하룻밤을 같이 보냈다고 해서

군이 그 사람을 계속 만나야 한다고 생각하지도 않습니다. 그리고 그런 생각에 "잘했다!"라고 동조하는 풍조가 현재 우리가 속한 문화의 흐름입니다. 이것이 성혁명을 촉발시킨 개인주의의 종점입니다.

성에 관한 한 무엇이 옳은지(도덕적인지) 어떻게 알 수 있을까요? 서양의 경우 예전에는 섹스와 성에 대한 성경적 관점에서 그 답을 찾을 수 있었습니다. 하지만 지금은 대체로 개인의 느낌에 따라 성에 대한 옳고 그름이 좌우됩니다. 만일 그것이 좋으면(그리고 아무에게도 해를 입히지 않으면) 그것을 행하는 것이 자신의 권리이며, 그렇게 할 때 인간으로서의 성취감을 느낍니다.

이처럼 개인의 권리를 가장 중시하고 '기독교적' 도덕관을 의심하게 되면서 성관계는 결혼과 가족, 출산에서 분리되어 개인의 정체성과 자유, 성취에 연결되기에 이르렀습니다. 이제는 누구나 자기에게 가장 적합한 방식으로 성적 표현을 탐구할 자유가 있을 뿐 아니라 우리의 성과 심지어 성관계를 많이 하는 것이 인간으로서의 성취에 매우 중요하다고 생각하게 되었습니다. 예전에 성은 하나님이 주신 아름다운 선물 중 하나로 귀하게 여겨졌습니다. 하지

> "성에 관한 한 무엇이 옳은지(도덕적인지) 어떻게 알 수 있을까요?
> 서양의 경우 예전에는 섹스와 성에 대한
> 성경적 관점에서 그 답을 찾을 수 있었습니다.
> 하지만 지금은 대체로 개인의 느낌에 따라
> 성에 대한 옳고 그름이 좌우됩니다."

만 지금은 좋은 것을 넘어 궁극적인 개인의 권리로까지 간주되고 있습니다.

개인의 권리를 공동체의 평안보다 중요한 가치로 받아들이고 성적인 문화로 가득한 물속에 살면서 물 바깥을 생각한 적이 없는 물고기에게는 성경적 관점이 시대에 뒤떨어진 부적절한 것으로 보일 수 있습니다.

여기까지가 성혁명의 새로운 이야기 제1장이었다면, 지난 20년에 걸친 디지털 이미지 창조와 편집 기술, 인터넷, 공격적 마케팅, SNS가 성적인 문화의 제2장을 선도했다고 할 수 있습니다. 우리는 현재 다음과 같이 끈질기게 속삭이는 문화적 스토리텔링을 듣고 있습니다. "만일 원하는 때에 원하는 만큼 누구와도 섹스할 자유가 없다면, 인간이 누릴 수 있는 최고의 성취와 친밀함을 놓치는 것이다!"

이런 문화적 스토리텔링이 얼마나 설득력 있게 널리 퍼

져 있는지 모릅니다. 이것이 하나님의 선한 설계와 얼마나 다른지는 아무리 강조해도 지나치지 않습니다. 우리는 날마다 그 영향을 받고 있습니다. 때로는 그 영향이 실로 미묘해서 우리도 모르는 사이 우리 삶의 다음과 같은 영역으로 흘러들어 옵니다.

- 우리의 가치가 우리 몸에 달려 있다는 가치관

- 다른 사람을 온전한 인간이 아닌 목적이나 대상으로 보는 관점

- 사람들과의 인간관계를 소비주의적 관점에서 접근하는 태도

몸

우리는 자신의 신체, 즉 몸에 대해 얼마나 많이 생각할까요? 만일 성적인 가치관이 지배하는 세계에 살면서 성취감을 느끼는 기준이 성(性)과 연결되어 있다면 우리는 몸

에 초점을 맞출 것입니다. 우리가 몸에 강박관념을 갖는데는 이유가 있습니다. 만일 자신이 '섹시'하지 않다면 성과 섹시함을 궁극적 가치로 여기는 사회에서 성취감을 못느끼고, 덜 소중하게 여겨질 위험이 있기 때문입니다. 이런 흐름이나 압력을 느낀 적이 있나요?

지금 당장 인스타그램 검색창에 "#셀피 selfie"를 입력해보세요. 10분 동안 올라온 게시물 중 노출이 심한 자기 모습을 찍어 올린 이미지가 얼마나 많은가요? 아울러 이런저런 형태의 문신, 피어싱, 체형 관리에 관심이 커지는 현상도 생각해 보세요. 물론 이런 것들 자체가 잘못되었다는 뜻은 아닙니다(그러니 문신과 배꼽 피어싱을 한 사람이 내게 이메일을 보낼 필요는 없습니다). 요지는 이런 것들은 성적 가치관에서 흘러나온, 우리 몸에 초점을 두는 현상을 보여 준다는 것입니다.

이렇게 성적 가치에 초점을 맞춘 렌즈로 자신을 들여다보면, 끊임없이 퍼부어지는 '섹시함'의 이상에 결코 도달할 수 없다는 것을 느끼게 됩니다.

부족함에 대한 강박관념은 내면을 고갈시키고 우울하게 만듭니다. 또한 내적 불안을 그 출처인 우리 몸의 탓으로 돌리게 합니다. 자기를 해롭게 하는 행위는 하나의 비극입니다. 이는 물론 복합적인 문제지만, 부분적으로는 우리 문화 속에 자리 잡은 고도의 성적 기대치에 원인이 있습니다. 우리는 이런 갈고리에 걸릴 필요가 없습니다. 성경적 관점은 이런 불안에서 벗어날 수 있는 아름답고 풍성한 자유를 선사합니다.

성경적 관점에서 본 성性

우선 (3장에서 그랬듯이) 하나님의 창조 세계가 속속들이 좋다는 것을 인정하고 시작합시다. 창조 세계의 모든 것이 다 좋습니다. 성과 우리의 몸을 포함해 모든 것이 그렇습니다. 하나님은 우리 몸을 좋게 보시고 우리를 위해 기꺼이 인간이 되셨습니다. 성경 이야기는 예수와 함께 시작된

125

부활, 곧 몸의 부활에서 절정에 이릅니다. 우리 몸은 하나님이 주신, 선하고 귀중한 것입니다.

우리는 생물학적으로나 사회적으로 성적인 존재, 즉 남성과 여성입니다. 하나님이 그렇게 설계하셨습니다. 창조 세계에 속한 모든 선善이 그렇듯이 성 역시 우리에게 큰 기쁨과 평안을 주는 것입니다. 하지만 우리가 창조의 일부분을 무시하거나 우상화하면 그 좋은 설계의 틀에서 이탈할 수 있습니다. 그렇게 되면 사람들은 하나님의 뜻에서 벗어나고, 하나님의 선하심과 은혜에서 단절됩니다. 달리 말하면, 하나님이 우리 인간과 인간의 성에 대해 설계하신 풍성하고 온전한 삶을 살지 못하게 된다는 뜻입니다.

하나님이 설계하신 성의 경계선을 벗어나면 결코 우리 문화의 스토리텔링이 약속하는 자유를 얻지 못합니다. 오히려 우상 숭배와 이기심에 속박당하고 우울해질 수 있으며, 파트너의 유무에 따라 절망으로 끝날 불안이나 얄팍한 교만을 낳게 됩니다.

그렇다면 하나님을 영화롭게 하고 인간을 풍요롭게 하는 성의 경계선은 무엇일까요? 성경적 세계관에 따르면 성관계는 적어도 자녀 양육과 가정을 염두에 둔, 평생에

> " 하나님이 설계하신 성의 경계선을 벗어나서 살면
> 우리 문화의 스토리텔링이 약속하는
> 자유를 결코 얻지 못합니다.
> "

걸친 혼인관계 내에서 남자와 여자가 서로 나누는 선택적
이고 자기희생적인 표현입니다.

　지금 여러분 중 몇몇은 이 마지막 대목을 읽고 나서 책
을 내려놓고 싶을지도 모르겠습니다. 이 마지막 대목이 기
껏해야 점잔이나 빼는, 현실과 동떨어진 이야기라고 생각
할 수도 있겠습니다. 최악의 경우에는 구식의 편협함이라
고 느낄 수도 있습니다. 하지만 책을 덮기 전에 잠시나마
그런 반응이 여러분이 속한 세계의 문화적 스토리텔링에
얼마나 많은 영향을 받았을지 생각해 보길 바랍니다. 우리
는 생각을 뒷받침하는 근거를 어디서 찾나요? 개인의 자
유를 추구하는 욕망이나 노력 아닌가요? 물고기인 우리가
존재를 인식하지도 못하는 물 밖 세상을 이해할 수 있는
방법이 있나요? 혹시 섹스와 성을 디자인한 존재가 세상
을 움직이는 문화와는 대립하지만 참되고 깊은 진리를 계
시했을 가능성은 없나요? 이는 얼마나 가능한 이야기인가

요? 내가 이 질문을 강조한 이유는 이 주제가 우리 삶에 그만큼 중요한 의미를 지니기 때문입니다.

나는 누군가의 기분을 상하게 하고 싶지 않지만 다음 두 가지를 단도직입적으로 말할 수밖에 없습니다. 첫째, 지나치게 성적인 관점이 온갖 방식으로 우리 삶에 영향을 미치고 있어서 거의 날마다 씨름을 해야 할 정도입니다. 둘째, 지나치게 성적인 사회는 그리스도인 청년조차 용감하게 주류 문화의 반대편에 서서 입장을 밝히기보다 성경 메시지를 재해석하게 만듭니다. 내가 이렇게 대담하게 말하는 이유는 여러분이 이 얄팍한 문화적 스토리텔링을 밀어낼 용기를 갖게 되면 참된 평안과 자유, 희망, 사랑, 성적 성취감을 되찾을 수 있기 때문입니다.

결론

여러분이 자신의 성을 즐거워하고 다른 이들과 풍성한 관계를 누리기를 바랍니다. 물론 이성과의 관계를 포함해서 그렇습니다. 또한 여러분의 남성성 또는 여성성을 즐거워하길 소망합니다. 만일 결혼했다면 배우자와의 친밀한 관계 내에서 성관계의 복을 누리기를 바랍니다. 만일 어떤 이유로든 어떤 방식으로든 성이라는 좋은 선물을 오용했다면, 하나님의 용서를 구하는 데 필요한 겸손과 용기를 갖길 바랍니다. 하나님은 용서할 준비가 되어 있으십니다. 과거와 상관없이 우리와 함께 앞으로 나아갈 준비가 되어 있으십니다. 하나님이 우리를 위해 설계하신 길을 걷고 풍성한 삶과 평안을 누리기에 너무 늦은 때는 없습니다.

성에 대해 진작 알았더라면
좋았을 것들

–

성은 좋은 것이다. 성은 하나님이 설계하신 좋은 것 중 하나이지만 궁극적인 것은 아닙니다. 우리 존재의 일부이지만 우리를 인간으로 규정하는 기준은 아닙니다. 성은 우리의 일차적 정체성과 거리가 있습니다.

–

금욕은 괜찮다. 생애의 일정 기간이나 평생에 걸쳐 성관계를 하지 않는 것은 무방합니다. 금욕은 여러분이 속한 문화가 무슨 말을 하든 상관없이 풍성한 삶에 영향을 주지 못합니다. 성관계는 궁극적인 것이 아닙니다.

–

성관계는 본래 경계선이 있다. 세상 문화는 상호 합의가 성관계의 유일한 경계선이라고 외칩니다. 성경은 하나님이 성을 설계하실 때 그 경계선을 한 남자와 한 여자가 일평생 서로에게 헌신하는 것 안에 두셨다고 말합니다.

–

성관계는 관계 중심적이다. 성관계는 그 디자인에 따라 친밀하고 깊은 관계의 성격을 지닙니다. 성관계는 생물학적이거나 심리적인 욕구의 해소보다 자기희생과 더 많이 관련되어 있습니다.

–

성관계는 자녀와 자녀 양육, 가족과 연결되어 있다. 한 남자와 한 여자 간의 성관계에는 언제나 한 가족과 부모를 탄생시킬 가능성이 존재합니다. 성관계가 필요하다면 이 점을 수용할 수 있는 맥락에서 하는 것이 하나님의 설계입니다.

–

포르노는 품위를 떨어뜨리고, 방향을 바꾸고, 손상을 입힌다. 포르노가 충격적일 만큼 흔합니다. 그렇다고 해서 포르노 시청자나 포르노 '배우'의 품위가 올라가는 것은 아닙니다. 이는 중독성이 강한 동시에 (장기간에 걸쳐) 관계에 손상을 입힙니다. 이는 하나님이 설계하신 풍성한 관계 앞에서 우리를 다른 방향으로 끌고 갑니다.

–

은혜와 성. 우리가 자기 몸으로 무슨 행위를 했든지, 우리의 성을 어떻게 표현했든지, 마음속으로 무슨 생각을 하고 무슨 감정을 품었든지 간에, 우리 손으로 무엇을 했든지 간에 하나님이 예수님을 통해 주시는 변화의 은혜와 자비는 그분을 찾는 모든 사람에게 무한대로 주어집니다.

9

소비

이런 생각,
해 본 적 있나요?

- 나는 소비에 대해 어떻게 생각하는가?

- 내가 항상 유행에 뒤처진 옷을 입어야 한다면 어떨 것 같은가?

- 새로운 물건을 쇼핑하고 구입하는 것이 행복감을 안겨 주는가?

- 물품의 소비가 내 정체성의 일부가 되면 다른 사람도 '소비'하게 되지는 않을까?

- 소비는 언제나 잘못된 일인가?

- 나의 생활 방식은 지구를 가볍게 밟는가, 아니면 지나치게 큰 발자국을 남기는가?

"몸을 어느 쪽으로 돌려도
피할 수 없는 상업 광고가 구매를 강요한다.
필요 없어도 사라, 돈이 없어도 사라,
그래야 타인의 주목을 받을 수 있다고 말한다."

_마크 드리스콜 목회자이자 작가

　　미국에는 쇼핑센터로 개조한 감옥이 있습니다. 큰 건물을 대형 상점으로 개조하는 것은 흔한 일이지만, 쇼핑센터와 감옥은 완전히 상충되는 시설입니다. 전자는 폭넓은 선택의 여지를 제공하여 자유를 마음껏 표출하게 합니다. 이곳에서는 원하는 것은 무엇이든 얻을 수 있으며, 그렇게 해서 원하는 사람이 될 수 있다고 부추깁니다. 반면 후자는 이런 자유가 제거된 곳입니다.

　　이번 장은 우리가 공허하고 기만적인 문화, 즉 물건을 소유하면 안정되고 목적을 달성한 것이 되며, 그 결과 행복해지리라는 논리의 포로가 되지는 않았는지 묻고 있습니다. 이를 소비주의(소비에 가치의 중심을 두는 사고방식)라고 부를 수도 있습니다. 성性처럼 이런 인생관이 우리 문화에 널리 퍼졌습니다. 그리하여 우리는 자신도 모르는 사이에 우리의 행복과 자기 정체성, 안정과 목적, 자기 가치의 근거를 소비주의에 참여하는 정도에 두기 시작합니다.

어떻게 이런 일이 벌어졌는가?

소비를 강조하는 문화가 어떻게 우리 사회의 주류가 되었는지를 이해하려면 한 국가의 성공이 어떻게 규정되는지를 살펴보아야 합니다. 경제학자와 정치가, 자본가는 보통 한 국가의 성공을 국민이 만들고 팔고 소비하는 재화와 서비스의 총합으로 측정합니다. 한 국가의 건강이 일반적으로 자원봉사와 정신적 행복, 정의, 안정된 가정, 창의성 또는 지속 가능성으로 측정되는 것이 아니라 소비량을 통해 평가되는 것입니다. 이 세계관에 따르면, 재화를 생산하는 이들은 소비의 문화적 흐름을 사람들에게 지속적으로 들려주어서 그들이 그 이야기를 수용하게 만들어야 합니다. 그 결과 소비를 부추기는 이야기를 들려주는 스토리텔

> "한 국가의 건강이 일반적으로 자원봉사와 정신적 행복, 정의, 안정된 가정, 창의성 또는 지속 가능성을 측정하는 것이 아니라 소비의 분량을 통해 평가됩니다."

러로 구성된 소비 산업은 큰 효과를 얻습니다. 그렇다 보니 그들이 이 이야기를 들려주는 데 정성을 쏟는 것은 당연한 일입니다.

항상 그랬던 것은 아닙니다. 여러 세대 전만 해도 검소함과 절제가 미덕으로 간주되었습니다. 하지만 증기 엔진의 발명과 더불어 산업혁명이 일어나면서 인류는 이제 값싼 물품을 단시간 내에 대량 생산할 수 있게 되었습니다. 그리고 그 물품을 구입할 사람이 필요했습니다. 수많은 사람이 생존을 위해 농촌을 떠나 도시로 이주하여 제조 공장에서 일하게 되자 스토리텔러 산업(광고업자들과 마케터들)은 우리에게 물품이 꼭 '필요하다'고 이야기하기 시작했습니다.

누군가는 (특히 경제학을 공부해서 나의 지나친 단순화를 싫어하는 이들은) 이렇게 물을지도 모릅니다. "그게 왜 문제인가? 그렇게 해야 일거리가 창출되고 우리 사회(또는 국가)가 건

강을 유지할 수 있는 거 아닌가?" 물론 일리 있는 말입니다. 하지만 이는 소비라는 좋은 것을 너무 높이 들어올려서 숭배의 자리에 올려놓는 것과 같습니다.

그렇게 되면 다음과 같은 두 가지 일이 일어납니다. 첫째, 특정 세계관을 너무 높이 추앙하면 그 세계관이 삶의 다른 측면까지 조망하는 렌즈가 될 수 있습니다. 둘째, 우리는 종종 지구가 유한하고, 그렇기에 소비 또한 무한할 수 없다는 당연한 사실을 잊곤 합니다. 지속 가능성은 지구를 돌보는 이슈일 뿐 아니라 공의의 이슈이기도 합니다. 일부 사람이 더 많이 소비할수록 다른 이들은 더 적게 소비할 수밖에 없고, 일부 사람이 소비하는 방식이 지구를 오염시켜 다른 사람의 삶의 질에 영향을 끼칠 수 있습니다.

소비주의의 영향

광고 Advertising

광고를 통한 스토리텔링은 매우 효과적입니다. 마케터들은 우리의 감정을 움직이는 이야기를 만들어 우리의 필요와 욕망, 문제에 대한 '해결책'을 그 안에서만 얻을 수 있다고 믿게 만듭니다. 때로는 이런 전략이 너무나 분명해서 쉽게 알아차릴 수 있을 정도입니다. 하지만 소비를 삶의 의미와 행복, 가치를 가져오는 수단으로 홍보하는 메시지는 아주 미묘해서 감지하기 어려운 경우가 더 많습니다. 그러나 이런 광고의 효과는 매우 강력해서 이런 스토리텔링을 계속 받아들이다 보면 세계를 보는 관점이 바뀝니다. 불행하게도 이런 스토리텔링은 점점 어린 고객을 겨냥하고 있습니다. 혹시 여러분은 언제부터 특정 상품(옷, 장난감, 디지털 기기, 가방, 신발, 특정 브랜드)을 갖고 싶어 했나요? 특별한 이유 없이 친구들이 그 물건을 소유하고 있다는 이유로 그랬던 적은 없었나요?

이런 문화의 스토리라인이 무엇을 약속하든 우리는 자신이 소유하고, 구입하고, 경험하는 재화로 진정한 성취감을 느끼지 못합니다. 우리는 그런 식으로 설계되지 않았습니다.

소비 제품이 선사하는 성취감은 모두 얄팍하고 일시적일 뿐입니다.

광고의 강력한 영향력 아래 우리는 '진부화'라는 개념도 살펴볼 필요가 있습니다. 이는 사람들이 새 것을 사도록 유도할 때 쓰는 전략으로, 제조사는 고의로 상품의 수명을 짧게 설계하거나 우리에게 그 상품이 유용하니 하나 더 사야 한다고 믿도록 만듭니다. 이 전략은 매우 효과적이어서 우리가 기대하는 상품의 수명이 점점 더 짧아지고 있습니다. 그 결과 지구의 자원이 고갈되고 환경이 파괴되고 있습니다.

또 다른 형태의 진부화가 있는데, 이는 더 감지하기 어렵지만 그렇다고 해서 덜 강력한 것은 아닙니다. 이 전략 역시 우리가 물건을 바꾸는 회전율을 높이는 동시에 우리가 삶에 접근하는 태도와 자아상을 형성하는 데 중요한 영향을 끼칩니다. 예를 들어 패션에 있어서 최신 패션과 올드 패션을 나누는 개념은 매우 중요한 스토리라인입니다. 알맞은(즉, 최신) 패션 아이템(옷, 신발, 테크놀로지, 음악 등)을 갖고 있지 않으면 덜 가치 있고 덜 멋진 사람이 됩니다. 이것이 우리가 인지하는 진부화입니다. 이런 진부화 안에서 우리는 다른 사람을 따라잡기 위해, 그 사람과 발맞추기 위해 더 많은 소비를 합니다. 심지어 필요한 모든 것을 이미 가지고 있는데도 말입니다!

우리가 인지하는 진부화가 기업에서 설계한 진부화와 합쳐지면 두 가지 결과를 낳습니다. 하나는 자원의 끝없는 소비, 불필요한 오염, 대규모 쓰레기입니다. 다른 하나는 우리 안에 만들어진 고도의 소비주의 렌즈를 다른 측면의 세상을 볼 때도 사용한다는 것입니다.

소비주의의 영역

의식적으로든 무의식적으로든 자신의 정체성을 소비자로 규정하면 할수록 우리는 삶의 다른 측면에서도 더 많은 것을 '소비'하려고 합니다. 우리는 앞서 커뮤니케이션 테크놀로지가 인간관계에서 연결자 역할을 하는 것에 대해 이야기했습니다. 이런 현상이 (나는 내가 원하는 것을 내가 원하는 때에 선택할 자유가 있다는) 소비주의적 사고방식과 결합되면 소셜 미디어는 인간관계를 소비하게 합니다. 이는 궁극적으로 사람을 소비하는 것을 뜻합니다. 내가 관계를 맺고 싶은 사람과 내가 관계를 맺고 싶을 때, 그 사람에게 무엇을 얼마만큼 줄 것인지를 선택하고, 그 사람이 나에게 어울리지 않는다고 판단되면 그 '재화'를 버립니다.

소비가 우리 문화에 미치는 영향이 큰 만큼 우리는 (자신도 모르는 사이에) 물품을 소비하듯 사람을 소비합니다. 인간 관계를 이런 식으로 소비하는 것은 창조주가 설계하신 인간 번영의 모습과 완전히 상충됩니다. 사람들은 상품으로서 가치 있는 것이 아닙니다. 하나님의 형상으로 설계해서 만들어진 사랑받는 특별한 존재들이기에 가치 있는 것입니다. 타인을 이보다 덜한 존재로 취급하거나 우리 자신을 그런 식으로 취급하는 것은 성경적 인간관과 정면으로 충돌합니다.

이런 소비주의 사고방식은 우리가 공동체에 참여하는 방식에도 영향을 미칩니다. 공동체 안에서는 자원봉사 등 섬김을 목적으로 구성된 모임이 점점 줄고 있습니다. 우리는 어떤 행동을 하기 전에 먼저 '이 행위로 얻을 수 있는 게 뭐지?'라고 생각합니다. 예컨대 아이들을 축구 클럽에 보내는 부모들은 이렇게 질문합니다. "왜 축구 강습비로 바비큐와 골대 그물 비용을 부담하지 않는 거지? 그 비용을 왜 우리가 부담해야 하는 거야?" 자녀를 둔 사람들은 아이를 맡은 교사와 학교에 점점 더 많은 것을 기대합니다. 그러면서 아이가 소속된 학급과 학교에는 좀처럼 기여하려고 하지 않습니다. 이처럼 소비주의가 더 많은 장소로 퍼져 나가는 중입니다.

계약인가, 헌신인가

소비는 계약의 개념에 기반을 둡니다. '나는 지불하고, 당신은 공급한다.'는 식의 사고방식을 갖게 되면 헌신은 최소화됩니다. 이런 세계관은 교회 공동체에도 영향을 줍니다. 사람들은 자기에게 잘 맞는 교회를 찾으려고 교회를 '쇼핑'합니다. 헌신은 없고 계약만 있게 되면 교회는 더 이상 섬기는 곳이 아니라 두루두루 들러 쇼핑하는 곳이 됩니다. 소비주의가 삶의 다른 측면으로 흘러들어 가는 가장 슬픈 사례는 높은 이혼율일 것입니다. 결혼이 헌신이 아닌 계약으로 간주되면, 불만족스러운 상품(배우자)을 버리고

> " 소비주의적 세계관이 인간관계에 흘러들어 가면
> 우리는 하나님이 설계하신 인간관계와 헌신,
> 공동체에서 점점 멀어지게 됩니다.
> "

새로운 상품을 소비하게 됩니다.* 또 하나의 예는 7장에서
살펴보았듯이, 지나치게 성적인 세상에서 상대방을 온전
한 인격체로 보지 않고 소비를 위한 성적 대상으로만 보는
경우입니다.

　소비주의적 세계관이 인간관계에 흘러들어 가면 우리
는 하나님이 설계하신 인간관계와 헌신, 공동체에서 점
점 멀어지게 됩니다.

지속 가능성과 청지기 직분

　사람을 물건 취급하는 것은 옳지 않습니다. 또한 지구 자

---

* 　그렇다고 해서 모든 이혼이 소비주의적 인생관의 결과는 아닙니다. 아울러 이혼은
　절대로 하면 안 된다고 주장하는 것도 아닙니다. 하지만 어떤 상황이나 사람이 더
　매력적으로 보인다는 이유로, 사랑을 다 써버렸다는 이유로 이혼하는 것은 옳지 않
　습니다.

원을 허락된 몫보다 더 소비하는 것은 부당합니다. 내가 소비하는 만큼 (현재와 미래에) 타인은 적게 소비해야 합니다. 내가 더 많이 소비할수록, 지구를 더 많이 오염시킬수록 현재와 미래의 타인에게 영향을 끼치게 됩니다.

최근에 나의 생태발자국을 계산한 적이 있습니다. 생태발자국은 인간이 지구에서 살기 위해 필요한 의식주와 에너지, 시설 등을 생산하고 폐기하는 데 드는 비용을 수치화한 것입니다. 요즘 대중교통 대신 개인용 차량으로 이동하는 경우가 얼마나 되나요? 가공된 장거리 배송 식품과 비교해 신선한 지역 토산품을 구입하는 양은 얼마나 되나요? 채소와 비교해 육류를 먹는 양은 얼마나 되나요? 이 모두는 우리가 생활방식을 유지하는 데 필요한 어느 정도의 토지와 유한한 자원으로 귀결됩니다. 이 발자국은 곡물을 키우는 농지와 보호용 저수지, 이산화탄소를 흡수하는 숲, 공기의 질을 유지하는 미개발지 등을 포함합니다.

어떤 이들은 나를 환경주의자로 볼 수도 있습니다. 우리 4인 가족이 소비하는 전기와 물의 양은 일반 도시에 사는 독신 가정의 평균 소비량과 비슷합니다. 13년 전에 나는 지구 자원으로 만들어지는 옷의 양을 줄이기로 결심하고(아직도 입을 만한 옷이 충분하다는 것을 파악했습니다.) 아직까지 옷을 사지 않았습니다(속옷은 샀습니다). 그러나 온라인 생태 발자국 계산기에 따르면 현재 지구에 사는 모든 사람이 나와 똑같은 생활 방식으로 산다 해도 3.5개의 지구가 필요합니다! 그런데 지구는 하나뿐입니다. 우리가 자원을 소비하며 사는 동안 다른 사람은 자신이 소비할 자원을 빼앗기고 있습니다. 이것은 정당하지 않습니다. 지속 가능성도 없습니다. 서구권의 소비 성향에 따른 지구 오염(이산화탄소와 그로 말미암은 지구온난화를 포함한)은 전 세계적인 규모의 불의가 될 수 있습니다.

삶에서 다음 단계로 진입할 때마다 어떻게 소비할 것인지 결정해야 합니다. 소비 욕구를 충족하는 일은 지구촌 이웃과 더불어 다음 세대(우리 자녀와 그 후손에까지)에 불의를 행하는 일이 될 수 있다는 것을 기억해야 합니다.

결론

성경은 우리에게 풍요로운 피조물을 소비하고 즐기라

고 권유합니다. 하나님은 우리 삶을 설계할 때 동굴 속에 살면서 박쥐의 배설물만 먹으라고 하지 않으셨습니다. 지구 자원에는 우리가 사용하고 즐길 수 있는 것이 있습니다. 지나친 소비는 불의를 초래할 수 있음을 인지하면서 감사한 마음으로 자원을 지속 가능한 방법으로 사용하고 즐긴다면 하나님께 영광을 돌릴 수 있습니다. 아울러 소비주의 사고방식을 삶의 다른 영역에 흘러가지 않게 하는 것도 하나님을 영화롭게 하는 일입니다.

소비에 대해 진작 알았더라면 좋았을 것들

–

소비는 좋은 것이다. 하나님은 우리에게 풍부하고 다양한 창조 세계를 주시고 그것들을 즐기게 하셨습니다. 이 풍성함을 소비하고 경험하는 일은 좋은 것입니다.

–

소비가 소비주의로 변할 수 있다. 우리는 감사하게, 겸손하게, 현명하게 좋은 피조물을 소비할 수 있습니다. 다만 이 소비가 안정과 행복, 타인의 인정 등을 얻기 위한 목적으로 이루어지면 소비주의로 변질될 수 있습니다.

–

소비주의는 한 편의 이야기를 담은 문화이다. 끝없이 소비하고 이런 행위를 숭배하는 것은 서양 문화의 강력한 주류입니다. 이는 삶의 다른 측면까지 소비자의 렌즈로 보게 만들 수 있습니다.

–

인간의 정체성은 소비에 있지 않다. 우리를 둘러싼 상업 광고는 우리가 어렸을 때부터 우리 정체성은 소비로 정해진다고 믿게 만들었습니다. 하지만 인간의 정체성은 더 깊은 인생관과 세계관 안에 있습니다.

–

우리는 절대로 사람을 소비해선 안 된다. 소비주의는 교묘한 방법으로 다른 사람을 물품으로 취급하게 만듭니다. 이는 하나님이 사람들과 인간관계에 대해 설계하신 것과 거리가 멉니다.

–

계약이 아니라 헌신이다. 소비주의는 우리에게 계약적 사고방식을 주입합니다. '내가 이것을 행하거나 너에게 주면, 너는 나에게 저것을 주거나 행해야 한다.'는 식입니다. 반면에 사람과 공동체에 헌신하면 자신과 타인을 위한 삶은 더 풍성해집니다. 계약보다 헌신에 기초한 인생관을 개발할 필요가 있습니다.

–

지구 자원은 유한하다. 우리가 소비 속도를 늦추지 않으면 세계의 자원은 곧 바닥납니다. 또한 인류가 오염시킨 것을 흡수하고 자정하는 지구의 역량은 수명을 다할 것입니다. 이 당연한 사실을 무시하는 것은 타인과 미래 세대에 큰 불의를 저지르는 것입니다.

10

진리

이런 생각,
해 본 적 있나요?

- 우리가 '진리 이후'의 시대에 진입하고 있다는 주장에 대해 어떻게 생각하는가?
- 무언가가 진실이란 것을 아는 데 필요한 궁극적인 권위의 출처는 무엇인가?
- 진리를 개발하는 데 과학이 얼마만큼 기여한다고 생각하는가?
- 무언가가 진실이란 것을 강하게 느끼는 것만으로 충분한 때는 언제인가?
- 어떤 것에 대해 참된 진리를 아는 것이 가능한가?
- 만일 어떤 것이 나에게 진실이라면, 그것은 다른 사람에게도 진실이어야 하는가?
- 관용 자체가 관용적이지 못할 수 있을까?

"증거가 없다는 것이 없다는 증거는 아니다."

_칼 세이건 천문학자

2006년 미국의 사전 출판사 메리엄-웹스터 Merriam-Webster가 선정한 '올해의 신조어'는 'truthiness'트루시니스입니다. 이 단어는 본래 2005년에 미국의 유명한 방송 진행자 스티븐 콜버트가 이라크에 대량 살상무기가 있다는 정보를 사실로 믿고 이라크전쟁을 일으킨 조지 W. 부시 정권을 풍자하기 위해 사용하면서 유명해졌습니다.

truthiness: 논리나 사실적 증거가 뒷받침되지 않더라도, 내면적으로 자신이 믿고 싶은 바를 진실로 인식하려는 성향 또는 심리 상태이 단어에는 진실을 규정짓는 권위에 대한 관점이 바뀌고 있다는 통찰력이 담겨 있습니다. 콜버트는 우리가 무엇이 참되고 옳은지를 규정할 때 개인적 의견과 느낌에 따라 움직인다고 말한 바 있습니다. 우리가 선호하고 느끼는 바가 진실이 되거나 '진실인 것처럼' 여겨질 수 있다는 뜻입니다.

최근 미국 대통령 선거 유세에서 한 가지 분명해진 사실이 있습니다. 절대적 진리(참된 진리)의 개념이 갈수록 중요하지 않다는 점입니다. '가짜 뉴스'가 난무하고, 정치인들은 진실이나 사실적 근거 없이 논리를 폈습니다. 문화 비평가들이 '진리 이후'Post-Truth 시대의 탄생을 목격했다고 말할 정도입니다.

그러나 진실하고 옳은 것에는 변함이 없습니다. 객관적인 의미에서 그것은 항상 그랬듯이 여전히 똑같은 실재이고 세계입니다. 그렇다면 무엇이 바뀌었나요? 진리인가요? 우리는 점차 사회적 문제를 옳거나 틀리다고 말하지 않게 되었습니다. 진리를 대하는 오늘날의 시선에 대해 이야기하려면 진리를 뒷받침하는 권위에 대한 문화적 스토리텔링이 어떻게 바뀌었는지를 살펴봐야 합니다.

> " 우리는 무엇이 참되고 옳은지를 규정할 때
> 개인의 의견과 느낌에 따라 움직입니다. "

이해를 돕기 위해 미국의 한 캠퍼스에서 학생들에게 "남성과 여성 사이에 차이가 있는가?"라고 질문하는 인터뷰 영상을 예로 들겠습니다. 최근 올라온 영상에는 이런 응답이 담겨 있습니다.

- "사회가 우리에게 강요하는 것 말고는 별 차이가 없다."

- "당신이 자신을 남성 또는 여성이라고 생각한다면, 그것이 당신의 신체로 구분되는 성별보다 훨씬 중요하다."

- "대다수 사회학자는 성별의 개념이 사회적 구조에 가깝다는 데 동의한다."

이와 비슷한 인터뷰를 20~30년 전에 했다면 어땠을까요? 인터뷰 대상자는 아마 당황스럽다는 듯한 표정을 지은 채 잠깐 멈췄다가 이렇게 답했을 것입니다. "물론이죠.

당연한 거 아닌가요? 생물학 수업과 성교육 시간에 다 배워서 알잖아요."[*]

어떻게 해서 사람들의 인식에 이런 변화가 일어났을까요? 성별과 생물학에 대해 예전보다 더 많이 알게 되었기 때문일까요? 아니면 이런 질문과 관련된 진실을 찾는 데 필요한 권위 있는 출처가 바뀌었기 때문일까요?

권위 있는 출처

권위 있는 출처 하면 사람들은 옥스퍼드 사전, 일간지, 또는 위키피디아 백과사전 등을 떠올립니다. 하지만 좀 더 근본적인 출처를 생각해 보겠습니다. 예컨대 "이것은 사실임에 틀림없어. 왜냐하면…" 하고 말할 때 마지막 부분에 해당하는 것입니다. 우리는 자신이 진실이라고 알고 있는 것에 대해 다음 중 어떤 출처를 제시하나요?

---

[*] 분명 이렇게 대답한 사람들도 양쪽 성 모두 동등한 권리를 가진다고 말했을 것입니다. 하지만 평등의 개념조차 일정 수준의 차이점에 기반을 두어야 합니다.

- "이것은 진실임에 틀림없어. 왜냐하면 연구 조사가 그것을 증명했기 때문이야."

- "이것은 진실임에 틀림없어. 왜냐하면 대다수 사람이 현재 그렇게 믿고 있기 때문이야."

- "이것은 진실임에 틀림없어. 왜냐하면 사실상 나에게 진실이기 때문이야."

서양의 문화적 스토리텔링에서 이 세 가지 출처는 각각 다음과 같은 발원지에서 생성됩니다.

- 과학, 이성, 반복 가능한 실험적 증거

- 집단적 합의

- 개인적 경험, 직관, 느낌

"물에 관해 알고 싶다면 물고기에게 묻지 말라."는 말로 돌아가서, 물고기가 물을 설명할 능력이 없는 것은 자신의 경험 외에는 참조할 사항이 없기 때문입니다. 우리가 알고 있는 것이 단지 우리 자신의 인식뿐이라면, 그것을 절대 진리라고 주장할 수는 없습니다. 이 세 가지 권위의 출처는 모두 이런 한계를 안고 있습니다. 하나씩 살펴보겠습니다.

과학적 증거

과학은 하나님이 주신 놀라운 선물입니다. 가설을 세우고, 실험을 거쳐 근거를 제공하고, 결론을 도출하는 능력 또한 마찬가지입니다. 과학은 우리가 진리에 접근하도록 도울 수 있으나 분명 한계가 있습니다. 망가진 세상은 모든 것을 오염시킵니다. 과학과 과학자들도 예외가 아닙니다. 가장 정직하고 성실한 과학자조차도 우연히, 또는 실수로 잘못을 저지를 수 있습니다. 과학에는 한계가 있습니다. 과학은 "인생의 목적은 무엇인가?", "세계가 존재하게 된 이유는 무엇인가?", "죽을 때 나의 본질에 무슨 일이 일어나는가?"와 같은 질문에 과학적 방법으로 답변을 내놓지 못합니다. 과학은 좋은 것이긴 하지만 진리를 밝혀 주는 최종 출처는 아닙니다.

집단적 합의

자신이 믿는 바가 다른 이들이 믿는 바와 일치하는지를 확인하는 것이 유익할 때가 있습니다. 하나님이 인생을 배움과 경험의 여정으로 창조하셨기에 진리를 찾는 데 타인의 역할을 인정하는 것은 바람직합니다. 특히 자신보다 경험이 많은 사람, 자신보다 글을 많이 읽은 사람, 어떤 복잡한 주제에 대해 많이 연구한 사람이라면 더욱 그렇습니다. 하지만 전문가와 친구, 원로, 사회비평가 역시 한계가 있고, 그들 역시 문화적 흐름의 영향을 받습니다.

집단적 합의에는 한계가 있습니다. 예컨대 온라인 백과사전 위키피디아는 꽤 유익한 출처입니다. 위키피디아는 기업과 정부, 과학자가 제공한 '진실한 이야기'를 '대중'이 함께 바로잡을 수 있게 합니다. 하지만 이런 형태의 자료에 권위를 부여하는 데에는 분별력이 필요합니다. 폭넓은 집단이 집합적으로 어리석은 것에 합의할 수 있기 때문입니다.

무엇이 진실인지에 대한 견해도 집단적 합의를 통해

그 폭이 좁아질 수 있습니다. 정보와 '뉴스'를 끊임없이 흘려보내는 출처인 디지털 기술, 특히 소셜 미디어는 본래 우리가 인정하고 선호하는 목소리와 견해에 맞춰 여과된 자료를 우리에게 보여 줍니다. 그래서 무엇이 진실인지에 대한 우리의 이해는 계속해서 좁아집니다. 그리고 우리가 그 흐름에 기여하면 그 자료가 가진 편견은 더 강화됩니다. 이처럼 의견이 고리 모양으로 돌고 돌아서 결국 진실에 대한 우리의 이해는 반향실 효과 Echo Chamber Effect* 를 만들어 냅니다.

느낌

우리가 어떤 것을 진실이라고 믿는 데는 직관과 느낌이 한몫하기도 합니다. 우리가 진실이라고 생각하는 것은 때로는 우리의 경험과 느낌을 통해 만들어집니다. 문제는 우리의 인식과 욕망을 궁극적 출처로 삼는 데 있습니다. 그러면 진실은 개인적인 구성물이 됩니다. 그 결과 무엇

---

* 특수 재료로 벽을 만들어 소리가 밖으로 새어 나가지 않고 메아리처럼 울리는 반향실에서 착안한 용어입니다. 자기가 습득하고 싶은 정보와 입장만 지속적으로 수용하는 현상을 말합니다.

이 진실인지에 대한 자신의 느낌은 무엇이 진실인지에 대한 타인의 느낌과 완전히 다를 수 있고, 무엇이 진실인지에 대한 현재 자신의 느낌은 어제 진실이라고 느꼈던 것과 전혀 다를 수 있습니다. 그러면 진실은 믿기 어려운 것이 되고, 기껏해야 '진실인 듯하게' 되고 맙니다.

이런 현상은 "절대 진리(참된 진리)가 과연 존재하는가?"라는 중요한 질문을 던지게 합니다.

"진정한 진리는 일어서 줄래요?"

진리에 대한 여러 관점은 다음의 두 극단 사이에 있습니다.

- **참된 진리**: 절대 진리는 존재하고 밝혀질 수 있다.

- **상대적 진리**: 절대 진리는 존재하지 않고, 단지 우리가 진리로 느끼는 것만 존재한다.

우리는 과도기에 살고 있고, 사회의 일반적 견해는 참

> " 21세기에 이르러 진리는 그리 중요하지 않으며
> 우리 삶과 그다지 관련이 높지 않다는 방향으로 흘러갔고,
> 누구든지 진리에 관심이 있다면
> 만들 수 있다고 믿게 되었습니다.
> "

된 진리와 상대적 진리 사이 어딘가에 있습니다. 19세기와 20세기 전반기에는 대체로 진리가 절대적이고 밝혀질 수 있다고 믿었습니다. 하지만 21세기에 이르러 진리는 그리 중요하지 않으며 우리 삶과 그다지 관련이 높지 않다는 방향으로 흘러갔고, 누구든지 진리에 관심이 있다면 만들 수 있다고 믿게 되었습니다. 그래서 서양 사회가 '진리 이후' 시대로 진입하고 있다고들 말하는 것입니다.

진리에 대한 진리

하나님의 말씀은 삶의 모든 영역에 대한 진리를 말해 줄 수 있는, 가장 권위 있는 출처입니다. 성경적 세계관은 진리를 포함해 이 세상과 인간의 모든 측면을 이해할 수 있는 길을 열어 줍니다. 이 관점은 몇몇 사회적 관점과 일치

하는 부분도 있습니다. 예컨대 절대 진리가 분명히 존재한다는 관점은 과학적 관점과 일치합니다.

과학은 인간이 과학적 방법을 사용하여 궁극적 진리를 밝힐 수 있다고 주장합니다. 또한 그들은 과학이 진리를 발견하지 못했다면 그것은 아직 발견하지 못한 것일 뿐 결국 발견하게 되리라고 말합니다. 성경적 관점은 과학이 세계의 복잡다단한 면을 상세히 이해하는 능력이 있음을 인정합니다. 동시에 과학과 과학자들 모두 완전하지 않다는 것을 인식하고, 과학에 대해 분별력을 갖도록 촉구합니다.

과학은 좋은 것이지만 그 안에는 인간의 모든 노력에 뒤따르는 결점과 불완전함이 포함되어 있습니다. 과학은 분명 어떤 사실을 증명하는 데 근거가 되는 출처로서의 권위를 가지고 있습니다. 또한 이 세상을 더 깊고 풍부하게 이해할 수 있게 해 줍니다. 그러나 우리는 과학의 한계를 인식해야 합니다. 과학을 궁극적 권위의 출처로 우상화하지 말아야 합니다. 성경은 인간의 노력으로는 진리를 완전히 알 수 없다고 말합니다. 불완전한 인간이 진리를 추구하는 일은 언제나 완벽할 수 없다는 뜻입니다. 이것은 무신론자였던 10대 시절의 내가 가졌던 관점이 아닙니다.

> **"** 과학은 분명 어떤 사실을 증명하는 데
> 근거가 되는 출처로서의 권위를 가지고 있습니다.
> 또한 이 세상을 더 깊고 풍부하게 이해할 수 있게 해 줍니다.
> 그러나 우리는 과학의 한계를 인식해야 합니다.
> 과학을 궁극적 권위의 출처로
> 우상화하지 말아야 합니다. **"**

성경적 관점은 사람들이 개인적 인식을 갖고 있으며, 이것으로 세계를 보는 방식에 영향을 준다는 점을 인정합니다. 이 점은 상대적 진리와 의견을 같이합니다. 창조의 아름다움은 우리가 각각 개인적이고 독특한 정체성을 갖고 있어서 저마다 달리 생각하고 느낀다는 데 있습니다. 하나님이 이렇게 설계하셨습니다. 하지만 성경적 관점은 우리의 생각과 느낌조차 인간의 반역으로 더럽혀져 완전히 의지할 수 없다고 봅니다.

상대적 견해는 절대 진리가 없다고 결론짓습니다. 상대적 견해에 따르면 자신에게 진리인 것은 자신에게 진리일 뿐이고, 다른 사람에게 진리인 것은 그 사람에게만 진리라고 말합니다. 하지만 성경적 관점은 절대 진리가 존재한다고 말합니다. 그리고 우리의 인식이 우리가 이 진리에 접근하는 방식에 영향을 준다는 것을 인정합니다.

우리는 이 세상의 참모습을 알려고 노력할 수 있습니다. 하지만 성경적 관점은 그렇게 하는 것은 흐릿한 유리창을 통해 진리를 보는 것일 뿐이라고 말합니다. 비유로이 관점을 정리해 보겠습니다.

최근에 딸과 함께 농구 심판 훈련 수업에 참석했습니다. 농구 규칙 중 일부는 흑과 백처럼 분명했습니다(예를들어 공이 선을 넘어가거나 선에 닿으면 아웃입니다). 하지만 일부규칙은 명확하지 못한 점이 있어서 심판의 판정에 따릅니다(예를 들어 공을 가진 선수를 막는 상대 팀 선수의 접촉이 반칙인가, 아닌가). 다음 세 명의 농구 심판이 반칙을 선언할 때 그들이 진실이라고 믿는 것에 대한 관점을 보면, 진리의 권위에 대한 서로 다른 입장을 이해할 수 있습니다.

- 진리는 모두 밝혀 낼 수 있다는 낙관적인(과학적인) 관점을 가진 심판: "반칙에 관한 한 누군가 반칙을 하면 한 치의 오차도 없이 모두 판정하여 있는 그대로 반칙이라고선언한다."

- 진리는 개인적 인식을 통해 구성된다는 관점을 가진 심판: "반칙에 관한 한 그것은 내가 선언할 때까지 존재하지 않는다."

- 성경적 진리관을 가진 심판: "반칙에 관한 한 보이는 대로 선언하고, 정확하게 선언하기 위해 최선을 다한다."

이 세 명의 심판은 제각기 진실을 규정하는 권위에 대해 근본적으로 다른 신념을 갖고 있습니다. 이런 상황에서 관용은 어떤 모습을 보일까요?

관용

오늘날 진리를 향한 문화적 경향은 관용을 새롭게 정의하는 흐름과 관련이 있습니다. 예전에 관용을 보인다는 것은 사람들이 다른 관점을 가질 수 있으며, 그런 현실을 인정한다는 것을 의미했습니다. 그러나 이제 관용적인 사람으로 인정받으려면 다른 사람들의 관점을 실제로 받아들여야 하는 경우가 종종 있습니다. 즉, 다른 관점의 존재를 인정하는 것을 넘어 모든 관점의 존재를 받아들이고 믿어야 하는 것입니다.

농구 게임이 끝난 후 세 명의 심판이 반칙에 대해 논의하는 장면을 생각해 봅시다. 예전 관용의 정의에 따르면, 이들은 비록 서로의 판결에 동의하지는 않아도 상대방의 신념을 이해하고 인정할 것입니다.

그러나 관용의 새로운 정의에 따르면, 이 세 명의 심판이 관용을 보이려면 상대방의 관점이 자신들의 관점과 똑같이 옳다고 인정해야 합니다. 그들은 자신의 판단이 옳다고 주장하려면 진리에 대한 상대주의적 입장을 취할 수밖에 없습니다.

이런 주장이 불러오는 파장은 매우 큽니다. 이제 아무도 "나는 남성과 여성 간에 차이점이 있다고 믿는다."와 같은 일반적 주장을 펼칠 수 없습니다. 이런 주장은 관용적이지 못한 것으로 간주됩니다. 타인에게 다르게 생각할 권리가 있다는 논리 아래서도 절대적 주장을 펼칠 수 없습니다. 이런 논점의 전환은 상당한 변화이고, 아이러니하게도 관용에 대한 새로운 견해는 사실상 관용적이지 못합니다.

성경적 관점에서 이 점을 이해하려면 이 세상이 깨졌다

는 개념으로 돌아가야 합니다. 세상이 온전히 회복되고 하나님 나라가 완전히 실현될 때까지 사람들은 수많은 것을 믿게 될 것입니다. 그리스도인은 이런 현실을 인정하고 받아들여야 합니다. 서로 다른 관점을 취하고 정중하게 논의하는 것을 허용하는 사회는 성경적인 틀 안에서 만들어집니다. 따라서 관용에 대한 기독교적 관점은 당연히 매우 관용적입니다.

누군가가 어떤 사람에게 관용적이지 못하다고 주장한다면, 그가 말하는 관용의 정의를 이해할 필요가 있습니다. 우리는 그 사람에게 이렇게 질문할 수 있습니다. "어떤 관점의 지지자들이 자신들의 관점만 옳고 다른 관점은 옳지 않다고 주장하더라도, 사회에 다양한 관점이 존재하는 것이 옳다고 믿는가? 제대로 된 사회로서 기능하려면 다른 사람들이 그들의 관점을 바꾸어 공동 합의에 도달해야 한다는 적극적인 주장이 없는 것은 괜찮은가? 아니면 모든 사람은 오직 하나의 관점만 지지해야 한다고 믿는가?" 그 사람이 마지막 질문에 그렇다고 대답했다면, 이는 관용에 대한 관용적이지 못한 태도가 될 수 있다고 말해도 좋습니다.

결론

우리는 참된 진리가 존재한다고 믿는 것을 주저할 필요가 없습니다.

'진리 이후'의 시대에 그리스도인들은 점점 많은 도전을 받게 될 것입니다. 그러므로 우리는 믿음을 잘 지켜야 합니다. 우리는 무언가가 옳다고 믿으면서도 사람들이 다른 신념을 가질 수 있다고 생각할 수 있습니다. 우리가 헤엄치는 물은 계속해서 기독교가 관용적이지 못하다는 이야기를 들려줄 것입니다. 이런 메시지를 들을 때는 어떤 편협한 정의가 적용되고 있는지 살펴보아야 합니다.

우리가 진리를 완전히 알 수 있는 유일한 길은 하나님이 보여 주시는 길뿐입니다. 그분은 진리의 하나님이시고, 진리는 그분의 것입니다. 하나님은 우리가 과학과 우리 자신의 생각과 통찰력으로 진리에 접근할 수 있도록 하셨습니다. 하지만 이것이 그분의 세계임을 인정하지 않은 채 이런 것들만 추구한다면 우리는 제한선을 넘어갈 수 없습니다. 마음과 생각을 다해 하나님을 신뢰한다면 우리는 궁극적 진리, 곧 예수님이 재림해서 (완전한 이해에 접근할 수 없는 우리의 한계를 포함해) 모든 것을 완전히 회복하실 때 명명백백하게 드러날 진리에 다가설 수 있습니다.

진리에 대해 진작 알았더라면
좋았을 것들

–

절대 진리는 존재한다. 성경적 세계관에 따르면 절대 진리는 분명 존재합니다.

–

세상에는 완벽한 출처가 없다. 진리를 선언하는 출처는 매우 다양합니다. 과학 이론과 집단 여론, 개인적 인식 등이 그것입니다. 하지만 거기에는 한계가 있고, 그 출처에 완전히 의존하는 것은 위험합니다.

–

과학은 좋은 것이지만 궁극적인 것은 아니다. 인간이 질문을 던지고, 측량하고, 결론을 내리는 능력은 하나님이 주신 복이고 그분이 창조하신 것입니다. 하지만 과학이 완전한 진리를 갖고 있다고 주장할 수는 없습니다.

–

다른 사람들의 견해는 유익하지만 궁극적인 것은 아니다. 경험이 많은 사람의 견해와 지식을 살펴보는 것은 현명한 일입니다. 하지만 이들 역시 죄의 영향을 받아서 궁극적 진리에서 멀어졌습니다.

여론에는 장점이 있다. 여러 집단이 합의한 것이 무엇인지를 알아보는 것은 유익한 일입니다. 하지만 여기에도 비슷한 경고가 필요합니다. 많은 사람이 집합적으로 어리석음에 합의할 수 있기 때문입니다.

느낌과 욕망은 신뢰할 수 없다. 하나님은 인간을 느낌을 가진 존재로 만드셨습니다. 느낌은 생활 방식에 큰 영향을 줄 수 있으며, 느낌을 인식하는 것이 유익할 수도 있습니다. 하지만 느낌을 진리를 정의하는 권위 있는 출처로 여기는 것은 위험합니다.

진리에 대한 출처가 바뀌고 있다. 서양 문화에서 강조하는 진리에 대한 출처가 바뀌고 있습니다. 계몽주의 시대 이전에는 성경에 계시된 진리가 강조되었으나 그후에는 과학으로 대체되었고, 최근에는 느낌과 욕망으로 바뀌고 있습니다.

관용의 정의가 변하고 있다. 예전에는 다른 관점이 존재한다는 사실을 순순히 인정하고 받아들이는 것이 관용이었습니다. 지금은 모든 관점에 동의해야 관용적이라고 인정받을 수 있습니다.

11

행복

이런 생각,
해 본 적 있나요?

- 무엇이 나를 행복하게 하는가?

- 무엇이 나를 불행하게 하는가?

- 나는 스스로를 행복하게 만들 수 있는가?

- 내가 행복을 높은 자리에 올려놓으면 무슨 일이 일어날까?

- 행복은 느낌 이상의 것인가?

- 목적과 희망은 행복 방정식에서 어디에 들어맞는가?

- 궁극적 행복은 존재하는가? 그것을 어디서 찾을 수 있는가?

"나는 코에서 우유가 뿜어져 나오는 것을 제외하고는
 웃음에 대해 감사하게 생각한다."
_우디 앨런

행복은 개인적 경험에 근거해 이야기할 수 있는 주제입니다. 내가 여러분과 나눌 지혜가 있다면 그건 행복하지 않은 경험에서 나올 테지만 말입니다.

4장에서 언급했듯이 나의 아버지는 내가 일곱 살 때 일터에서 사고로 돌아가셨습니다. 그 사고 직후 크게 낙심하거나 충격을 받은 기억은 나지 않습니다. 너무 어려서 감정을 충분히 처리하고 이해할 수 없었을 것입니다. 하지만 10대 시절에는 감정이라는 여파에 사로잡혀서 사회적으로 몹시 불안정했습니다. 한동안 불면증에 시달리며 내가 있을 곳이 없다는 두려움에 사로잡혔고, 이후 20대에는 대

학교를 졸업하고 전공 분야에서 줄줄이 취업에 실패하면서 우울증까지 진단받았습니다.

내가 항상 행복했던 것은 아닙니다.

나는 행복과 불행을 이해하기 위한 여정에 올랐고, 그 길은 행복의 역사와 행복에 대한 과대광고, 행복의 기술이 주는 유익함, 희망과 안식에 초점을 두는 성경의 행복관 등을 탐구하는 것으로 이어졌습니다.

행복의 역사

행복에 대한 기대와 표현이 문화마다 얼마나 다른지를 생각하면 무척 흥미롭습니다. 러시아와 동유럽 국가는 행복을 표현하는 방식이 미국 문화와 매우 다릅니다. 미국에 본사를 둔 한 패스트푸드 회사는 러시아에 진출하면서 '해피'(이를테면 해피밀 같은 메뉴)라는 단어를 표현하는 법에 대해 따로 훈련했다는 기사를 읽은 적이 있습니다.

또한 행복은 시간이 흐르면서 변하기도 합니다. 당연한 말로 들리겠지만, 행복을 이해하고 행복의 중요성을 인식하는 차이는 역사의 흐름에 따라 달라집니다.

행복 역사학자들 (가벼운 모임에서 "당신은 무슨 일을 하나요?" 라는 질문에 답하기 좋은 직업입니다)은 서양 역사에서 행복에 대한 기대치가 눈에 띌 정도로 커진 시기가 두어 번 있었다고 주장합니다. 그중 하나는 약 250년 전 계몽주의 시대에 일어났습니다. 인간이 (하나님 없이 독자적으로) 무엇이든 원하는 대로 될 수 있고 할 수 있다는 새로운 사고방식은 우리가 개인의 행복을 추구하고, 그럴 만한 권리가 있다는 기대감을 키웠습니다.

20세기 전반기에 이르러서는 행복을 강조하는 분위기가 더욱 고조되었습니다. 행복해지는 법에 대한 책이 줄줄이 출판되고, 행복학뿐을 탐구하는 심리학 분과가 생겨났습니다. '불행한' 순간은 정상이 아니기 때문에 (종종 더 많은 소비와 오락으로) 고쳐야 한다는 신념이 서양 세계의 문화적 스토리텔링의 일부가 되었습니다.

행복은 가정생활에서 최고의 자리를 차지하기 시작했습니다. 이런 현상은 역사상 유례가 없었습니다. 자녀들이 성공하려면 항상 행복해야 한다는 생각은 자녀들의 행복에 초점을 맞추는 쪽으로 양육 방식의 변화를 가져왔습니다. 이전에는 어린 시절과 행복이 그처럼 밀접하게 연관되어 있지 않았습니다.

그렇다고 오해하지 말기를 바랍니다.

행복한 것에는 문제가 없습니다. 행복해지고 싶은 것은 (또는 자녀를 행복하게 하려는 것은) 전혀 잘못이 아닙니다. 하지만 모든 좋은 것이 그렇듯 그것이 최종 목표가 되면 결국 우리는 그것을 숭배하게 됩니다. 혹시 우리가 지난 몇 십년 동안 행복을 추구하다가 지금에 이른 것은 아닐까요? 지금 우리는 '행복 과대광고'에 빠져 그 속에서 헤엄치고 있습니다. 우리는 이런 문화의 스토리텔링에 얼마나 영향을 받고 있나요? 잠에서 깰 때마다 오늘은 행복한 날이 되어야 하고, 우리에게는 그걸 누릴 자격이 있다고 생각하지는 않나요?

어떤 사람들의 현실은 행복과 거리가 멉니다. 그들은 잠에서 깨자마자 불행하다는 느낌에 휩싸여 온종일, 어쩌면 몇 주, 몇 달 동안을 그렇게 지냅니다. 이런 상태를 흔히 '우울증' 또는 '불안장애'라고 부릅니다. 이런 장기적인 정신 문제는 종종 정신적 외상(트라우마)이나 비극, 뇌의 화학적 불균형이 작용한 결과입니다. 건강하지 못한 정신 상태에 있는 사람은 다음 두 가지 사항에 대해 알아야 합니다. 첫째, 괜찮습니다! 이런 증상은 사실 매우 흔한 일입니다. 잘못된 게 아닙니다. 둘째, 적절한 도움을 받을 수 있습니다. 그런 상태로 계속 살 필요가 없습니다. 우리가 할 일은 그저 누군가에게 이야기하는 것입니다. 그러면 그들이 우리를 도와줄 것입니다.* 망설일 필요가 없습니다. (내 경험상) 충분히 그럴 만한 가치가 있는 일입니다.

유익한 행복

행복을 추구하는 데 필요한 공식과 기술을 담았다고 주장하는 책과 연구 성과, 시스템이 넘쳐납니다. 이런 자료에는 과거의 경험을 다루고, 행동과 생각 간의 연관성을 분석하고, 낙관적 사고방식을 훈련하고, 환경을 수용하는 법을 배우고, 생각하는 자아와 관찰하는 자아를 구별하고,

---

* 누군가에게 이야기하는 것이 쉬운 일은 아닙니다. 누구에게 이야기해야 할지 모를 때도 있습니다. 그럴 때는 부모님(그들이 당신을 얼마나 잘 이해하고 적극적으로 도우려고 하는지 알면 깜짝 놀랄 것입니다)이나 친척(삼촌, 이모, 사촌형이나 누나 등), 교사(또는 교사 출신), 교목, 목사나 전도사, 믿을 만한 친구(당신을 누군가에게 소개할 수 있는 이)에게 이야기하면 어떨까요? 언제나 당신을 도울 준비가 된 '사랑의 전화'와 같은 단체도 있습니다.

" 심리학자와 비평가들 사이에서는
끊임없이 행복을 추구하는 것이
사실은 불행의 원인일 수 있다는 의견이 늘고 있습니다.
"

두려움에 대한 조직적 노출을 감행하고, 명상을 연습하는
법 등 많은 내용이 포함되어 있습니다.

이런 것들은 대부분 큰 장점이 있습니다. 특히 불행(우울
증과 불안증)에 시달리는 사람들을 대할 때 도움이 됩니다.
하지만 심리학자와 비평가들 사이에서는 끊임없이 행복
을 추구하는 것이 사실은 불행의 원인일 수 있다는 의견이
늘고 있습니다.

행복하지 않은 시간은 사실 평범한 인간이 충실하게 사
는 삶의 일부일 수도 있습니다. 불행하다고 느낄 때 그것
을 지나치게 분석하고 불안해하는 것은 역효과를 불러오
고 행복의 자연스러운 흐름을 약화시킬 수 있습니다. 이
런 불안장애에 다른 사람의 인정과 사랑을 받고 싶은 욕망
에서 오는 내면의 불안까지 더해지면 가질 수 없는 행복을
추구하게 될 수 있습니다.

희망찬 행복

우리의 불행은 상당 부분 안식을 취하지 못하는 데 원인이 있습니다. 여기서 말하는 안식은 휴식을 취하거나 일을 중단하는 것만을 가리키지 않습니다(물론 이것이 정신적 평안을 위해 중요한 일이기는 합니다). 성경은 안식에 대해 깊은 통찰을 줍니다. 하나님은 정기적이고 의례적인 안식(안식일)을 제정하셨는데, 이는 모든 점에서 훗날 다가올 더 깊고, 완전하고, 심오한 안식을 암시하는 것처럼 보입니다. 이는 예수님이 자신을 가리켜 궁극적 안식의 원천이라고 말씀하실 때 그분 안에서 성취됩니다.

나는 지금 예수님이 '안식의 주인'이라는 글자가 적힌 밀짚모자를 쓰고 수영장 선베드에 누워 쉬고 계시는 모습을 말하는 게 아닙니다. 타락한 인간은 내면의 감정 노동에 빠지기 쉬운데, 성경은 여기에서 벗어나는 안식의 근원이 바로 예수님이라고 말합니다. 이 감정 노동은 우리 내면의 불안한 노력, 즉 자기 정체성을 유지하고 남의 눈에 잘 보이려고 애쓰는 그런 작업에 대한 것입니다. 나 자신과 타인에게 나는 귀중하고 사랑받을 만한 존재임을 증명하려는 내면의 노동, 즉 똑똑하고 예쁘고 강하고 재미있고 인기 있고 섹시하게 보이려는 노동 말입니다. 또는 하나님에게 우리가 그분의 사랑과 용납을 받을 만큼 선하고 사랑스럽고 지혜롭고 신실하다는 것을 증명하려는 내면의 불안한 노동 말입니다.

이런 내면의 불안정한 감정은 쉬지 않고 작용합니다. 우리는 자신이 행하는 일과 자신의 신분이 남들과 비교해서 더 존경받고 사랑받을 만하다는 인식을 타인에게 심어주기 위해 계속해서 일합니다. 이 일은 매우 피곤해서 우리를 지치게 만듭니다.

이런 내면의 노동에는 희망이 없습니다. 아무리 열심히 일해도 진정한 행복을 얻을 수 없습니다. 아이러니하게도 행복을 얻으려고 열심히 일하면 할수록 불안과 두려움, 불행은 더 커집니다. 이런 현상은 마치 '행복 지평선'과 같습니다. 그곳을 향해 아무리 빨리 달려가도 결코 그곳에 도달할 수 없습니다.

누군가 이렇게 말할지도 모르겠습니다. "좋네요. 내가 그런 내면의 노동에서 안식을 취하기만 하면 당신이 말하는 깊은 행복을 얻을 수 있다니 말이에요." 하지만 안타

> " 우리가 행복을 얻으려고
> 열심히 일하면 할수록
> 불안과 두려움, 불행은 더 커집니다.
> "

깝게도 그렇게 단순하지 않습니다. 내면의 노동을 멈추는 스위치를 누르는 일은 쉽지 않습니다. 4장에서 거론한 '죄'(모든 것을 오염시키는 죄)의 결과로 우리는 스스로 이 안식과 깊은 행복을 창조할 능력을 잃어버렸습니다. 죄로 말미암아 우리는 우리 자신을 수직적이 아니라 수평적으로 평가하는 쪽으로 기울어졌고(2장의 내용처럼), 그 결과 우리는 무언가를 성취하고 남에게 인정과 칭송, 용납을 받고자 열심히 일하게 되었습니다.

　행복의 역사를 보면 인간에게 궁극적 행복을 가져다줄 수 있는 심리학적 기술과 공식, 의지력, 긍정적 사고, 마음가짐은 존재하지 않습니다. 이런 것들이 그 나름의 역할은 하지만 말입니다. 한 가지 예외가 있다면 희망일 것입니다. 참되고 영원한 행복은 우리 바깥에 있는 무언가에 대한 희망에서 옵니다. 우리를 있는 그대로 받아 주는 아름답고 믿을 만하고 은혜롭고 관대한 그 무엇 말입니

183

다. 우리는 세상 밖에 있는 행복의 근원을 추구할 때만 참
된 행복을 온전히 이해하고 인식할 수 있습니다.

우리는 희망이 행복을 가져온다는 것을 잘 압니다. 앞
서 행복을 주리라고 믿는 것들, 즉 인기나 경력, 섹시함, 스
마트함, 인상, 물질 등에 그릇된 희망을 두곤 한다는 것을
언급했습니다. 이런 것들에 희망을 두는 것은 사실상 자기
자신에게 희망을 두는 것과 같습니다. 이런 것들은 우리에
게 영구적인 행복을 줄 수 없습니다.

진정한 행복은 오로지 우리 자신 밖에 있는 희망에서만
옵니다. 그런데 문제가 있습니다. 여기에는 인기를 추구
하지 않는다는 자부심, 성공이나 출세, 돈, 물질적 소유를
위해 살지 않는 것에 대한 자기 만족감, 성적 순결함 등에
대한 만족감 등도 (우리가 이런 것들을 성취한다고 해도) 진정한
행복을 줄 수 없다는 것을 의미합니다. 이런 것들은 여전
히 우리의 자기 훈련과 능력에 대한 내적 희망에 근거를
두고 있습니다. 다시 말해 자기중심적인 희망은 변화를

불러올 능력이 없고, 결코 궁극적 행복과 심오한 기쁨을 낳을 수 없습니다.

결론

성경은 예수님이 변화를 불러올 수 있다고 말합니다. 실제로 예수님은 그분 자신이 믿을 만하고 은혜롭고 관대하고 회복의 힘이 있는 희망을 준다고 말씀하십니다. 그분은 영적 행복을 가져오는 영혼의 안식처이시며 영적 안식의 주인이십니다. 그분은 "수고하고 무거운 짐 진 자들아 다 내게로 오라 내가 너희를 쉬게 하리라." 하고 말씀하십니다.

예수님이 십자가에서 기꺼이 희생하신 죽음을 성찰해 보면, 그분이 안식의 주인이시라는 말씀이 성취되었음을 깨닫게 됩니다. 십자가에서 예수님이 울고 부르짖고 몸부림치시는 모습은 사실상 그분의 백성을 짓누르는 무한한 불안함을 대신 감당하신 것입니다. 그분이 불안한 것은 우리의 부서지고 죄인 되고, 바쁘고, 결실 없는 내면의 노동을 그분이 짊어지셨기 때문입니다. 그리스도인은 이제 큰 희망을 품을 수 있습니다. 예수님으로 말미암아 하나님은 이제 그분의 백성에게 "내가 너희를 사랑하니 이제 내게 와서 깊은 안식을 누려라." 하고 말씀하십니다. 그리고 우리가 그렇게 할 때 그분이 영광을 받으십니다.

하나님이 헛되고 이기적인 노력만 하는 우리에게 이처럼 진정한 안식과 행복을 선물로 주시는 것은 순전히 은혜입니다. 은혜는 이 책의 마지막 장에서 다루는 주제이기도 합니다.

행복에 대해 진작 알았더라면
좋았을 것들

–

행복은 좋은 것이다. 이 좋은 세상에는 심오한 기쁨이 있습니다. 하나님은 우리가 이 세상에서 부분적으로 그 기쁨을 즐길 수 있도록 창조하셨습니다.

–

불행이 반드시 나쁜 것은 아니다. 우리는 행복에 들떠 있지 않을 때도 많습니다. 이는 지극히 평범한 현상입니다. 그렇게 느끼는 것이 오히려 유익할 때도 있습니다.

–

행복이 과대 광고되고 있다. 우리 문화는 우리가 언제나 행복해야 한다고, 이것이 우리의 권리라고 속삭입니다. 만일 행복하지 않다면 행복할 자격을 누리기 위해 쇼핑이나 섹스, 자기 홍보, 약물 복용 등 무슨 일이든 해야 한다고 말합니다.

–

행복을 잡으려고 하면 불행해진다. 과대 포장된 행복만 믿고 우리 인생의 목표를 '항상 행복해지는 것'으로 삼으면, 사실상 우리는 덜 행복한 상태에 빠지게 됩니다.

–

행복과 만족감이 일치하는 것은 아니다. 아이러니하게도 우리가 덜 행복하다고 느끼는 환경에 만족하면 좀 더 진정한 행복을 경험할 수 있습니다.

–

행복과 희망이 반드시 같은 것은 아니다. 행복은 희망에서 나옵니다. 하지만 우리 자신에게 희망을 둘 때 생기는 행복은 얄팍하고 일시적이어서 진정한 행복이 될 수 없습니다. 궁극적이고 진정한 행복은 오로지 자기중심적인 노력을 그만두고 안식을 찾을 때 옵니다. 참된 안식은 예수님이 우리를 대신해 십자가에서 불안정을 경험하셨음을 인정할 때에야 얻을 수 있습니다.

PART 4

은혜로 운행되는 인생

은혜

"하나님이 우리를 더 사랑하시도록 할 수 있는 방법은 없다.
하나님이 우리를 덜 사랑하시도록 할 수 있는 방법도 없다."

_필립 얀시 목회자이자 작가

은혜는 내 삶에 큰 충격이었습니다.

이미 말했듯이 나는 청년 시절에 그리스도인이 되었습니다. 강경한 무신론자였던 내가 하나님이 나와 우주를 창조하시고, 각자에 맞는 목적을 주셨다는 믿음으로 전향한 것입니다. 그리고 우주만물의 창조주께서 겸손함으로 나와 같은 인간, 즉 창조 세계의 일부가 되셨다는 것을 알게 되었습니다. 하나님은 나를 심판에서 구출하시고 그분에게서 떨어져 나가는 것을 막으려고 인간의 몸으로 이 땅에 오셨습니다. 나는 하나님의 선하심과 위대하심, 세상(과 나의 인생)을 향한 그분의 큰 설계를 인정하게 되었습니다.

진도를 더 나가기 전에, 바로 앞 단락에 'J'로 시작하는 단어가 숨어 있다는 것을 알아챘나요? 요즘 이 단어는 인기 없는 단어가 되었고, 이 단어를 사용하면 사람들이 얼굴을 찌푸리기 일쑤입니다. 서양 문화를 흐르는 시류는 이 단어가 나타내는 관용적이지 못한 모습에 강하게 반발합니다. 나는 지금 '예수님'Jesus이 아니라 '심판'Judgement을 말하는 중입니다.

"당신은 심판을 받아야 마땅하다!"라는 말을 들으면 사람들은 어떤 느낌이 들까요? 아마 많은 사람이 반감을 느낄 것입니다. 개인의 자유와 권리, 인간의 자율성을 중요하게 생각하는 현대 문화에서 심판은 이제 인기 없는 개념이 되었습니다. 사실상 문화적인 접근 금지 구역에 자리 잡고 있다고 할 수 있습니다.

그런데 우리가 심판을 받아야 한다는 말이 정말로 뜻밖의 소리일까요? 정직하게 생각해 봅시다. 우리는 가족과 친구들을 꾸준히 일관되게 사랑하며 살고 있지 못합니다. 우리는 자신이 원하는 만큼 선善을 행하지도 않습니다. 우리가 중요하게 여기는 인격적인 고결함도 실천하지 못합니다. 심지어 그렇게 할 수 있는 순간에도 자기중심적인 자만이 가까이에 도사리고 있음을 부인할 수 없습니다.

좀 더 정직하게 생각해 볼까요? 우리는 우리를 창조하고 우리에게 생명을 주신 분을 영화롭게 하는 삶을 살지 못합니다. 우리의 의사 결정과 감정은 종종 하나님과 그분의 존재, 그분이 우리의 모든 심장박동과 숨결을 지탱하고 계심을 인정하는 사고방식에 따르지 않습니다. 우리는 때때로 이기적인 의도를 품고 생각하고 느끼고 행동합니다.

결과

자녀를 훈련하고 그들의 이기적인 행동을 바로잡고자 할 때 유익한 전략 중 하나는 결과의 개념입니다. 모든 이기적인 '나쁜' 행동은 타인에게 어떤 결과를 초래합니다. 이기심은 깨어짐과 왜곡, 불의를 불러옵니다. 근본적인 차원에서 죄는 항상 하나님과의 관계를 포함해 여러 관계에 손상을 가져옵니다. 이런 손상은 복구되어야 합니다. 무시하고 지나가면 안 됩니다.

하나님은 회복을 위해 인간 예수가 되어 창조 세계에 들어오셨습니다. 그분은 (신체적이고 영적인) 죽음, 곧 죄와 이기심의 궁극적 결과를 정복하셨습니다. 그 결과 그분의 백성이 죽음 없는 삶에 참여할 수 있게 되었습니다. 이것은 참으로 좋은 소식입니다. 그러나 아직도 언급해야 할 내용이 남아 있습니다. 우리는 아직 '심판'을 다루지 않았습니다.

하나님은 사랑이 많으신 분입니다. 그래서 우리는 종종 "하나님은 사랑이시다!"라고 말합니다. 또한 그분은 순결하고 거룩하고 의로운(매우 선한) 분이시기도 합니다. 불결한 것은 무엇이든 그분의 순결함을 모욕하는 것입니다. 나쁜 것은 무엇이든 그분의 선하심을 모욕하는 것입니다. 완전히 정의롭고 순결하며 거룩한 하나님이 우주를 창조하셨기 때문에 죄를 그냥 방치할 수는 없습니다. 심판을 받아야 마땅합니다. 우리는 (하나님의 형상으로 만들어져서) 때로 선을 행하지만 매 순간 마음과 감정, 생명으로 하나님을 영화롭게 하지 못했습니다. 그렇기에 심판을 받아 마땅

합니다. 심판은 인기가 없을지 몰라도 도무지 피할 수 없습니다!

만일 하나님의 사랑이 너무나 커서 우리가 받을 (피할 수 없는) 심판을 그분이 대신 받겠다고 제안하신다면 어떻게 될까요? 바로 이것이 예수님이 십자가 위에서 보이신 놀라운 은혜입니다. 하나님은 그분의 백성에게 영원한 생명을 주기 위해 인간이 되어 죽음을 정복하셨습니다. 희생적 죽음으로 우리가 받을 심판을 대신 받으셨습니다. 그분이 그분의 백성이 받을 심판을 스스로 받으신 것입니다. 십자가 위에서 우리는 예수가 되고(우리는 그분과 연합하고 그 아들의 특권을 모두 받았습니다) 예수는 우리가 되었습니다.

확고한 무신론자였을 때, 이 엄청난 교환에 (처음에는 마지못해) 매료되었습니다. 하나님이 나를 억지로 겸손하게 만들어 내가 아무리 노력해도 내 마음과 생각을 회복시킬 수 없음을 인정하게 하셨습니다. 이 지점에서 나는 하나님의

> " 십자가 위에서 우리는 예수가 되고
> (우리는 그분과 연합하고 그 아들의 특권을 모두 받았습니다)
> 예수는 우리가 되었습니다.
> "

놀라운 은혜에 감동해 그리스도인이 되었습니다.

은혜와 내 인생

이번 장을 마무리하면서 은혜가 어떻게 내 인생에 영향을 주었는지 나누고자 합니다. 여러분의 삶에도 그런 일이 일어나면 어떨 것 같은지 생각해 보길 바랍니다.

나는 순결함과 선함에 대해 하나님의 기준에 못 미친다는 것을 인정합니다.

나는 하나님의 형상으로 만들어졌고, 어떤 면에서 그분의 형상을 가지고 있습니다. 내가 이 사실을 겸손하게 인정할 수 있는 것은 오직 은혜 덕분입니다. 이와 동시에 나는 진리를 무시하고, 나 자신을 섬기고, 창조주를 온전히 받아들이지 못하는 성향도 가지고 있음을 인정합니다. 완전하고 거룩하신 하나님이 창조하신 세계에서는 이것이 결과를 초래한다는 것을, 즉 심판을 불러온다는 것을 압니다.

내가 무조건적인 사랑을 받았음을 알기에 안심합니다.

하나님은 내가 마땅히 받을 자격이 있어서 복을 주시는 것이 아닙니다. 하나님은 나를 향한 사랑과 용납으로 자유롭고 풍성하게 복을 주십니다. 내가 이 사실을 깨달을 수 있는 것도 오직 은혜 덕분입니다. 내가 어떤 행동을 하고, 어떤 생각을 하고, 어떤 감정을 품든 하나님의 은총을 위태롭게 할 수 없다는 것을 압니다. 내가 어떤 행동을 하고, 어떤 생각을 하고, 어떤 감정을 품든 하나님의 은총을 더크게 할 수 없다는 것도 압니다. 예수님이 모든 일을 완수하고 심판을 받으셨습니다. 하나님이 자비로 나를 그분의 자녀로 택하셔서 하늘의 영원한 복을 나에게 쏟아부어 주셨습니다. 나는 이 사실을 깨닫고 안심할 수 있습니다. 나에게 하나님과 관계를 맺을 만한 능력이 없음에도 그분이 그렇게 하셨기 때문입니다.

> **"** 나는 끊임없이 나 자신이
> 남보다 낫다는 것을 증명하고
> 내 것을 챙겨야 한다는 부담에서 벗어나 자유롭습니다.
> **"**

나는 끊임없이 내가 남보다 낫다는 것을 증명하고 내 것을 챙겨야 한다는 부담에서 벗어나 자유롭습니다.

내가 심오한 자유를 경험하는 것은 오직 은혜 덕분입니다. 한편으로 나는 하나님이나 남들 보기에 충분히 훌륭하다는 것을 입증해야 한다는 강박관념과 불안의 짐에서 자유롭습니다. 또한 "나는 그저 내 것만 챙기면 된다."는 식의 이기주의 때문에 더 큰 뜻을 보지 못하는 헛된 인생에서 자유롭습니다.

나는 나보다 크고 지혜롭고 믿을 만한 누군가와 연합되어 있습니다.

나의 정체성이 근본적으로 변화된 것은 오직 은혜 덕분입니다. 나는 예수님에게 속한 영원한 복에 참여할 자격이 있습니다. 게다가 예수님과 연합되어 있기에 하나님은 나를 그분의 사랑하는 자녀로 보십니다. 또한 나는 집합적으로 예수님과 하나된 공동체에 속해 있기도 합니다.

나는 이기심에서 벗어나 자유로이 남들을 섬기는 삶을 살 수 있습니다.

내가 타인을 진정 사랑할 수 있는 것도 오직 은혜 덕분입니다. 나는 의무감이 아니라 기쁜 마음으로, 교만함이 아니라 겸손함으로 타인을 섬길 수 있습니다. 내가 받은 은혜에 보답하고자 타인에게 은혜를 베풀 수 있고, 내가 받은 용서에 보답하고자 타인에게 용서를 베풀 수 있습니다. 나는 (의무감이나 두려움 때문이 아니라) 내가 받은 은혜에 너무나 감사해서 선행과 경건한 결정, 남을 먼저 생각하는 것, 공의로운 삶을 추구할 수 있습니다.

나는 자유롭게 남들과 깊은 관계를 맺을 수 있습니다.

내가 뜻이 맞는 그리스도인들과 교제하는 유익을 누릴 수 있는 것은 오직 은혜 덕분입니다. 나는 계약적 관계('네가 나를 사랑하면 나도 너를 사랑하겠다. 네가 나를 위해 이것을 하면 나도 너를 위해 저것을 하겠다.'는 식)가 아닌 깊은 인간관계를 맺을 자유가 있습니다. 나는 하나님의 은혜를 인정하는 다른 이들과 자유롭게 만날 수 있습니다. 그들과 함께 공동체 안에서 예수님의 이름으로 하나되는 초월적 은혜를 누리면서 희로애락의 삶을 함께 여행할 수 있습니다. 이 책을 읽으면서 나의 이야기에 조금이라도 공감한다면, 그리고 그것이 무슨 의미가 있는지 궁금하다면 하나님을 믿는 사람과 만나길 바랍니다. 그리스도인과 친구가 되어 은혜로 충만한 삶을 나누고, 함께 성경을 공부하고, 기도하고, 식사하고, 울고, 예수님을 중심에 모시는 삶을 영위하길 바랍니다.

나는 우리 사회와 공동체에서 누리는 안전함과 풍성한 삶에 감사합니다.

나를 향한 하나님의 은혜를 기뻐하는 동시에 모든 사람에게 베푸시는 하나님의 은혜를 이해하게 된 것은 오직 은혜 덕분입니다. 악이 창조 세계와 인간의 마음에 미친 영향은 심대했습니다. 현재 세상에 존재하는 악의 영향력은 상당해서 삶은 지금보다 훨씬 더 나빠질 수 있습니다. 그러나 성경은 하나님이 그분의 백성에게 은혜를 베푸시는 모습은 물론이고, 그분을 인정하지 않는 자들에게 은혜를 베푸시는 모습도 묘사합니다. 그분은 매 순간 창조 세계를 지탱하시고, 악의 큰 잠재력과 영향력을 억제하십니다. 인간은 이기적인 죄를 범하려는 영향력을 지니고 있지만, 하나님은 인류가 위대한 것을 발견하고, 인도적인 친절을 베풀고, 교육 제도를 개발하고, 아름다운 예술품을 창작하고, 불의에 대항해 싸우고, 정부 제도를 조직하고, 지혜롭고 관대하게 자녀를 양육하고, 상호 유익을 위해 문화적 활동을 전개하도록 허용하십니다. 만일 하나님이 은혜를 베풀어서 인간의 마음이 만들어 내는 악한 결과를 억제하지 않으셨다면 우리 사회는 디스토피아 영화에 묘사된 모습과 닮아 있었을 것입니다. 그래서 나는 하나님에게 감사합니다.

결론

은혜로 말미암아 우리는 문화의 시류에 휩쓸리지 않는 사람이 될 수 있습니다. 이는 제멋대로 반역하는 것이 아닙니다. 성경에 초점을 맞춘 렌즈를 통해 우리가 누구인지, 세계의 본질에 대한 진리가 무엇인지 알 수 있기 때문에 그렇게 할 수 있는 것입니다. 이는 우리 문화의 물속에 서만 헤엄쳐서는 알 수 없는 것입니다.

우리는 하나님의 은혜로 우리가 헤엄치고 있는 물에 대해 분별할 수 있습니다. 우리는 자신의 가치를 규정하는 방법이 아니라 우리보다 훨씬 큰 어떤 존재를 섬기고, 그 존재가 하는 일에 동참하는 기회로 일을 바라볼 수 있습니다. 은혜로 말미암아 우리는 테크놀로지라는 좋은 선물을 즐기는 한편, 그것이 초래하는 한계를 분별하고 그 것에 저항할 수 있습니다. 우리는 성^{性}이라는 창조주의 좋은 선물과 선하신 설계에 감사하고 존중하는 한편, 우리의 정체성과 성취감이 '섹시함'이나 성적 행위에 근거하지 않는다는 것을 압니다. 우리는 소비를 즐기면서도 물품이 행복과 안정, 개인의 가치 의식을 선사한다고 믿지 않을 수 있습니다.

우리는 진리를 추구하면서도 진리가 우리의 감정과 무관하게 발견될 수 있음을 압니다. 우리는 행복이 찾아올 때 그것을 즐거워하는 한편, 진정한 행복은 오직 그리스도를 통한 하나님의 은혜 안에서 안식할 때만 누릴 수 있음을 압니다.

나는 그리스도인이기에 은혜 덕분에 사랑을 받고, 은혜 덕분에 예수님과 연합되어 있고, 은혜 덕분에 남들에게 은혜를 베풀 수 있음을 압니다. 나는 하나님이 모든 것을, 나 자신과 내가 몸담은 물을 포함한 모든 것을 구속하고 계심을 알고 안심합니다. 이로 말미암아 다른 그리스도인들처럼 나도 이 좋은 소식을 남들과 나누고 싶은 마음이 간절합니다. 그래서 시간을 들여 이 책을 썼고, 여러분과 함께 곰곰이 생각해 보고자 다음 질문을 남깁니다.

- 개구리와 달리 나는 내 세계의 물에 대해, 그리고 그 물이 어떻게 내 인생관을 형성하고 있는지에 대해 얼마나 알고 있는가?

- 물고기와 달리 나는 내 자신 밖에 진리가 있다는 것과 내가 살고 있는 문화의 스토리텔링에 대해 얼마나 알고 있는가?

- 하나님의 은혜가가? 그런 것(들)은 과연 얼마나 가치 있는 것인가?

여러분이 하나님과 그분의 은혜를 알게 되어 자기 자신과 이 세계를 그분처럼 볼 수 있기를 바랍니다.

우리 중에는 독서를 좋아하는 사람이 있고 그렇지 않은 사람도 있습니다. 이 책에서 다룬 이슈들에 대해 더 알고 싶다면, 여기에 각 장의 출발점이 될 만한 책을 한 권씩(한 장은 영상을) 추천하고자 하니 참고하기 바랍니다.

1장

The Insect and the Buffalo: How the Story of the Bible Changes Everything(Allpress and Shamy, 2009).

2장

The Vertical Self: How Biblical Faith Can Help Us Discover Who We Are in an Age of Self Obsession(Sayers, 2010).

3장

코넬리우스 플란팅가, 『기독지성의 책임』(규장, 2004).

4장

알버트 월터스와 마이클 고힌, 『창조 타락 구속』(IVP, 2007).

5장

The Book that Made Your World: How the Bible Created the Soul of Western Civilization(Mangalwadi, 2012).

6장

팀 켈러, 『팀 켈러의 일과 영성』(두란노, 2013).

7장

The Best Sex for Life(Weerakoon, 2016).

8장

The Next Story: Faith, Friends, Family, and the Digital World(Challies, 2015).

9장

The Story of Stuff. Video. (Leonard, 2007).
www.storyofstuff.org.

10장

데이비드 노글, 『세계관 그 개념의 역사』(도서출판 CUP, 2018).

11장

존 파이퍼, 『하나님을 기뻐하라』(생명의말씀사, 2020).

12장

필립 얀시, 『놀라운 하나님의 은혜』(IVP, 2003).